城乡阅读研究

The Research on
Reading Activities in Urban and Rural Areas

陈丹 王海歌 朱椰琳 ◎ 著

中國傳媒大學出版社
·北京·
CUCP

图书在版编目(CIP)数据

城乡阅读研究/陈丹，王海歌，朱椰琳著.--北京：中国传媒大学出版社，2022.4
ISBN 978-7-5657-2930-0

Ⅰ.①城… Ⅱ.①陈… ②王… ③朱… Ⅲ.①读书活动—研究—中国
Ⅳ.①G252.17

中国版本图书馆 CIP 数据核字(2021)第 072173 号

城乡阅读研究
CHENGXIANG YUEDU YANJIU

著　　者	陈　丹　王海歌　朱椰琳
策划编辑	李水仙
责任编辑	李水仙
封面设计	宇宙尺度
责任印制	李志鹏

出版发行	中国传媒大学出版社		
社　　址	北京市朝阳区定福庄东街 1 号	**邮　　编**	100024
电　　话	010-65450528　65450532	**传　　真**	65779405
网　　址	http://cucp.cuc.edu.cn		
经　　销	全国新华书店		

印　　刷	唐山玺诚印务有限公司
开　　本	710mm×1000mm　1/16
印　　张	14.25
字　　数	172 千字
版　　次	2022 年 4 月第 1 版
印　　次	2022 年 4 月第 1 次印刷

书　　号	ISBN 978-7-5657-2930-0/G·2930	**定　　价**	68.00 元

本社法律顾问：北京李伟斌律师事务所　郭建平

目 录 Contents

序 言 /1

第一章 绪 论 /1

第一节 研究背景和意义 …… 1
第二节 核心概念界定 …… 4
第三节 研究综述 …… 6
第四节 理论基础 …… 19
第五节 研究思路与方法 …… 22

第二章 我国城市阅读现状研究 /24

第一节 典型城市阅读现状分析 …… 27
第二节 我国城市阅读现状分析 …… 68

第三章 我国乡村阅读现状研究 /79

第一节 我国典型地区乡村阅读现状 …… 79
第二节 我国乡村阅读现状访谈
——以 5 个省 10 家农家书屋为例 …… 87

第四章 我国城乡阅读的差异与存在问题分析 /100

第一节 我国城乡阅读差异分析 …………………… 100
第二节 开展城乡阅读过程中存在的问题 …………… 103

第五章 国外城乡阅读发展现状与启示 /107

第一节 国外全民阅读与城乡阅读发展概况 ………… 108
第二节 主要发达国家全民阅读发展现状 …………… 111
第三节 主要发展中国家城乡阅读发展现状 ………… 120
第四节 国际阅读组织发展现状 …………………… 124
第五节 国际开展阅读推广的启示 ………………… 133

第六章 全民阅读视域下数字阅读指数研究 /140

第一节 构建数字阅读指数的意义 ………………… 140
第二节 全民阅读与构建数字阅读指数的关系 ……… 142
第三节 阅读指数应用现状及存在问题 …………… 144
第四节 数字阅读指数内容结构模型的构建 ………… 152
第五节 数字阅读指数的构建 …………………… 164
第六节 数字阅读指数的应用 …………………… 195
第七节 数字阅读指数的应用策略 ………………… 199
第八节 推广数字阅读工作的路径和建议 …………… 202

第七章 我国城乡阅读一体化路径与政策建议 /206

第一节 我国城乡阅读的推进路径研究 …………… 206
第二节 进一步推动城乡阅读开展的政策建议 ……… 210

参考文献 /215

序　言

2014年,我国政府工作报告中首次提出“倡导全民阅读”的理念,2021年李克强总理在政府工作报告中再次强调“推进城乡公共文化服务体系一体建设,创新实施文化惠民工程,倡导全民阅读”。至此,“全民阅读”已经连续8次被写入政府工作报告,上升为国家发展战略高度,成为党和国家部署的重要工作之一。推广和普及阅读对我国社会主义文化强国建设的重要性不言而喻。

习近平总书记曾说:“人民群众多读书,我们的民族精神就会厚重起来、深邃起来。要提倡多读书,建设书香社会。”倡导“全民阅读”的最终目标就是实现阅读的“全民化”,即在我国城市和乡村范围内对城乡居民普及阅读理念,进行阅读推广,丰富人的精神世界,增强人的精神力量,促进人的全面发展。

我国14亿多人口,其中农村地区的人口有5亿多。农村阅读率的高低,会直接影响全民阅读的推进。在建设“书香城市”和乡村振兴战略的背景下,本书针对我国阅读建设的现状,在绪论部分对“全民阅读”及其相关概念做出了界定,并梳理了国内外学术界对城乡阅读的研究方向,说明了从宏观上把握我国城乡阅读建设情况的必要性。

在对城市阅读空间建设、阅读组织结构、阅读活动开展等情况的调研和乡村农家书屋的访谈中,我们可以看出目前我国在全民阅读推广工作中所取得的成就及先进经验,也反映出城市与乡村在推广过程中所存在的问题。除了对城乡阅读建设情况的研究外,关于城乡数字阅读指数的建构也是本书关注的重点。随着数字技术的发展与普及,数字阅读也逐渐成为人们阅读的主要方式。但当前我国阅读指数研究还未有只涉及数字阅读的,对数字阅读指数的构建进行研究,能为全民阅读视域下的数字阅读活动提供评价测量体系和应用对策。本研究旨在对今后全民阅读的发展提出有针对性的建议,进一步说明弥补城乡阅读鸿沟、普及阅读理念的紧迫性。不论是从历史层面还是从现实层面,城乡阅读现有的差距需要缩小乃至慢慢弥合,从而真正实现全民阅读,为我国公共文化建设带来有力支撑。

本书是韬奋基金会学术委员会课题“全民阅读中的城乡阅读研究”的成果,课题组在系统梳理城乡阅读相关概念和理论的基础上,完成了调研走访、资料收集以及报告撰写等相关工作。其中王海歌、朱椰琳主要完成了前四章关于相关概念、国内城乡阅读现状等内容的补充和完善,李晨玮负责第五章国外城乡阅读发展现状的资料整理工作,曾明在理论模型的建构中形成了第六章数字阅读指数的初步构想。在此基础上,谷征副教授提炼、总结了我国城乡阅读未来的发展路径及政策建议。课题进行过程中,得到了课题组成员敖然、陈莹、陈少志、杜恩龙、郝振省、黄强、马国仓、伍旭升、肖启明、徐丽芳、张艺兵、张增顺、赵树旺等专家的支持和帮助,韬奋基金会聂震宁理事长、张增顺秘书长和周玥老师也多次给予本课题具体指导,在此一并致谢!

第一章

绪　论

第一节　研究背景和意义

一、研究背景

阅读是文化交流和知识繁衍的方式，从古至今，阅读一直都在人们的生活中占据着重要的位置。自 1972 年联合国教科文组织呼吁“走向阅读社会”以来，世界各国积极响应，全民阅读的发展也如火如荼。1982 年，上海发起的“振兴中华”读书活动标志着我国的全民阅读活动的开端。聂震宁认为，我国在 40 多年改革开放进程中，几乎每一个重要关头都与国民阅读有着紧密的关系。①

自 2006 年我国首次倡导全民阅读，至今已有 15 年之久。2016 年全民阅读被提升至国家战略高度。随后的两年，多部法律、条例相继出台，从法律制度层面来保障全民阅读的推广。社会各界亦不遗余力地发挥所长，组织各种活动来宣传、推进全民阅读。亚马逊 2020 年发

① 聂震宁.论作为国家战略的全民阅读[J].现代出版，2019(6)：22-26.

布的《全民阅读报告》指出,2019年大众对阅读的热情持续攀升,60%的读者将阅读列入自己的年度计划。约50%的读者年阅读量超过10本。[①] 全民阅读状况在一定程度上决定着一个民族、一个国家文化的深度、厚度和高度,对培养民族精神和文化自信有重要的作用。近年来,由于政府的积极引导和公众的热情参与,我国全民阅读情况一片欣欣向荣。2020年发布的第十七次全国国民阅读调查报告显示,2019年我国成年国民综合阅读率为81.1%,较2018年上升0.3个百分点。[②]

然而报告还同时指出,2019年,我国城镇居民图书阅读率为67.9%,农村居民为49.8%。[③] 可见,城乡阅读率的差距已成为提升我国国民综合阅读率的主要矛盾。若要更好地促进全民阅读,我国必须缩小乃至弥合国民城乡阅读率差距。

从历史层面来看,自新中国成立以来,为了迅速落实工业化强国的计划,我国优先发展重工业,以农带工,农村支持城市,城乡之间的差距因此慢慢显现。尽管自2002年,政府着力统筹城乡发展,特别是十九大以来,我国政府实施"乡村振兴"战略,已经取得了明显的效果,但是城乡差距的缩小仍有很长的路要走。在全民阅读的视域下,如何更好地缩小数十年形成的城乡差距,实现城乡之间的互动,这需要引起更多学者的关注,形成更为切实可行的理论体系和实践方法。

从现实需求的角度来看,全民阅读作为我国重要的公共文化服务工程,与建设学习型社会和实现中华民族伟大复兴的中国梦息息相关。我国人口有14亿多,其中农村地区的人口有5亿多。农村阅读率的高低,关乎全民阅读的推进。城乡阅读率的差距,也会大大阻碍城乡阅读的发展。只有正确处理城乡阅读率差距的矛盾,促进城乡阅

---

① 赵依雪.数字阅读带动阅读总量增长[N].国际出版周报,2020-05-04(9).

②③ 第十七次全国国民阅读调查结果发布[J].国家图书馆学刊,2020(9):18.

读的良性互动，才能更好地推动全民阅读。

无论是从历史层面，还是从现实层面，城乡阅读率的差距需要缩小乃至慢慢弥合，城乡阅读之间需要互动。在此背景下，城乡阅读的现状以及如何互动显得尤为重要。

二、研究意义

从理论意义上来说，当前我国政府部门、研究机构、企业对城乡阅读的研究较少，本研究能够为城乡阅读的研究和互动提供新的角度和方法。本研究不仅关注社会调查，还从文化社会学、区域要素流动理论等视角，为城乡互动提供理论依据；同时，为政府促进全民阅读，增进文化服务，促进城乡阅读提供理论参考；也能够促进阅读学的研究，对构建具有中国特色的阅读社会学的研究体系具有理论指导意义；除此之外，本研究还有助于丰富出版学、传播学等相关学科的研究。

从实际应用意义上来说，城乡阅读互动研究，为分析和解释全民阅读的推进路径提供了一种新的解决思路。有助于推动全民阅读活动，为提升全民阅读活动的成效提供发展范本；同时还有助于总结全民阅读中的经验。目前将区域要素流动理论应用到城乡阅读互动研究中的情况尚不多见。本书立足区域要素流动理论的研究视域，对推动城乡阅读互动路径进行研究，试图找出互动的对策。为全民阅读视域下城乡阅读互动路径提供新的见解。对政府更为有的放矢地开展全民阅读活动、改善城乡阅读环境、提供完善的公共阅读服务及优质阅读资源、文化教育宣传机构提高知识传播效果等都有重要的参考意义。

第二节 核心概念界定

一、全民阅读

《现代汉语词典》对阅读的定义为：看（书报等）并领会其内容。[①]强调对文本的欣赏、领会。黄晓新认为，阅读是人对文字、符号、图像的感知过程。[②] 对阅读概念的阐释，国内外存在一定的差异，国外学者 D. C. Mitchell（米切尔）强调阅读是一种获取信息并解释信息的能力。[③]

无论国内还是国外，阅读的概念和形式随着时代的进步、技术的发展也在发生变化。阅读方式趋向数字化，阅读的交流性增强、阅读主体的参与性提升，阅读活动变得社会化。对于全民阅读，我国并未给出明确统一的定义。徐雁认为全民阅读涵盖三个方面的特点：推广群体的全社会性；个体阅读的终身性；推广内容的全品类性。[④] 根据徐雁的定义，全民阅读应该既是一种推广活动，也是全社会公民呈现的阅读状态，是以读者为中心，阅读资源为内容，阅读环境为保障，来引导或者满足读者的阅读，从而呈现出人人热爱阅读、人人终身阅读的发展态势。

---

① 中国社会科学院语言研究所词典编辑室.现代汉语词典［M］.7 版.北京：商务印书馆，2016：1619.

② 黄晓新.阅读社会学：基于全民阅读的研究［M］.北京：人民出版社，2019.

③ MITCHELL D.C. The process of reading: a cognitive analysis of fluent reading and learning to read［M］.Hoboken：John Wiley & Sons，1982：198.

④ 徐雁."书爱众香薰"：全民阅读推广的时代使命［J］.图书情报通讯，2013（1）：55-60.

二、城市阅读

“城市”一词在世界各地有不同的含义。人类学认为城市是一个大型的人类居住区。地理学把城市定义为一个永久和密集定居的地方,其行政边界明确。经济学以是否从事农业来区分城乡区域。社会学认为城市一般有广泛的住房、交通、卫生、公用事业、土地使用和通信系统,它们的密度促进了人们、政府组织和企业之间的互动。至今未发现有人给城市阅读下定义,笔者在上述概念研究的基础上,针对城市阅读的现状,将城市阅读的概念理解为:城市阅读是以政府主导社会力量广泛参与的,以服务在县级及以上居住、生活的居民阅读和获取知识的阅读状态。

三、乡村阅读

基于统计和行政日的,不同国家对乡村的定义各不相同。不同的学科对乡村的定义也有所不同。维基百科认为,农村地区或乡村是指位于城镇和城市之外的地理区域。凡是不属于城市的地方都被视为农村。根据中国的实际,乡村可以分为以种植业、林业、畜牧业等为主要生活生产基础的人口呈散落居住的村落。全今未发现有人给乡村阅读下定义,笔者在上述概念研究的基础上,针对乡村阅读的现状,将乡村阅读的概念理解为:乡村阅读是区别于城市阅读的,以政府主导社会力量广泛参与的,以服务乡镇及以下居住、生活的居民阅读和获取知识的阅读状态。

第三节　研究综述

一、国内研究综述

目前，对中国知网以“全民阅读”“阅读推广”“阅读促进”“国民阅读”为关键词进行检索，共检索出 4,688 篇相关文献（截至 2020 年 9 月 1 日），具体年度发表数量如图 1-1 所示。可见自 2006 年，我国首次发出“全民阅读”的倡议后，关于全民阅读的研究文献量开始波动增长，在 2015 年达到顶峰。

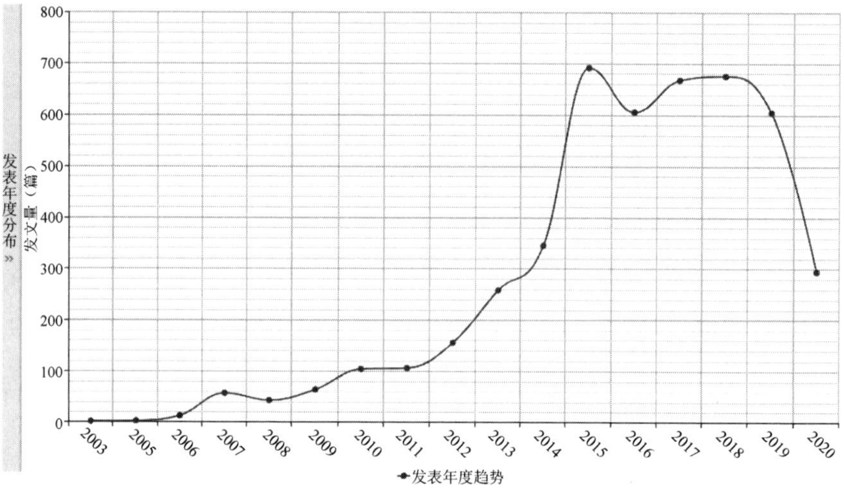

图 1-1　全民阅读研究文献年度发表数量

对全民阅读相关文献主题发表量进行具体检索后发现，以“全民阅读”为主题的文献 2,973 篇，约占全民阅读研究文献主题总量的

51.68%。位居其后的是主题为“图书馆”“阅读推广”的文献发表量，分别为543篇和481篇，占比为9.44%和8.36%。

国内对于阅读指数的研究主要集中在以阅读空间和读者等为研究对象的全面阅读推广策略的研究，关于全面阅读推广历史、现状与研究热点的梳理，以政府为主要研究对象的全民阅读立法和政策执行研究，阅读评价指标体系的研究，我国城市和乡村阅读的研究，以及国外全民阅读现状的研究六个方面。

1.以阅读空间和读者等为研究对象的全面阅读推广策略的研究

司云江[①]、黄红兰[②]认为应发挥县级图书馆在全民阅读推广中的作用。张涪尧[③]在城乡阅读有差距背景下建议阅读推广实行农村偏向。傅绍磊、陈晓旷[④]认为应加强城市书房品牌建设。

蔡思明、孙绍伟[⑤]和安娜[⑥]分别从理论、历史和现实的需要来论证图书馆在全民阅读中应根据实际情况，制定不同的推广策略。徐雁[⑦]、

---

① 司云江.对县级图书馆推进乡村基层全民阅读的思考[J].贵图学苑,2020(3):63-64.

② 黄红兰.基于全民阅读时代的县级图书馆阅读推广工作思路分析[J].中国民族博览,2020(8):249-250.

③ 张涪尧.数字阅读时代农村全民阅读推广新途径[J].文化产业,2020(4):111-112.

④ 傅绍磊,陈晓旷.全民阅读时代城市书房服务模式与机制创新[J].中国出版,2020(15):50-53.

⑤ 蔡思明,孙绍伟.“十四五”规划背景下公共图书馆阅读空间发展策略研究:以广东为例[J].图书馆建设,2021(3):101-112.

⑥ 安娜.高校图书馆阅读推广5W1H分析法应用研究[J].图书馆工作与研究,2020(9):89-95.

⑦ 徐雁.推广是图书馆读者服务的重要延伸工作:兼述近现代图书馆推广阅读的先进理念及积极举措[J].图书馆杂志,2020(9):4-12.

郑闯辉[①]、单骅、胡晶晶[②]、于准[③]、第五维强、刘平[④]分别以读书会类APP以及大学出版社自营的微信公众号为研究对象，提出阅读推广的发展策略。赵双[⑤]以南京市三所大学为调研样本，探讨民间儿童阅读推广组织的作用。

2.关于全面阅读推广历史、现状与研究热点的梳理

张志强、尹召凯[⑥]通过大规模的网络问卷调查，为后疫情时代的出版业发展提供建议。张文彦[⑦]从阅读史的视角对我国当代阅读推广组织进行研究，推动阅读推广研究的科学化。吴凤鸣[⑧]介绍了在疫情影响下，北京“16+1”区开展全民阅读的新方式。宁晓旭[⑨]、王贵海、孙鹏[⑩]和欧瑞祥[⑪]利用NoteExpress、CiteSpace等分析工具，分析我国阅读推广研究的演进路径和热点，为全民阅读推广后续研究铺路。

---

① 郑闯辉.“分地阅读”与图书馆所藏地方文献资源的阅读推广：以公共图书馆地方文献部门参与全民阅读推广为例[J].图书馆杂志，2020(9)：18-22.

② 单骅，胡晶晶.区域性公共图书馆联盟阅读推广品牌建设研究：以浙江省公共图书馆阅读推广联盟“图书馆之夜”为例[J].图书馆工作与研究，2020(3)：100-104.

③ 于准.读书会类APP的社群价值及对阅读推广的启示[J].中国编辑，2020(6)：53-58.

④ 第五维强，刘平.全民阅读背景下大学出版社微信阅读推广分析：以20家百佳大学出版社为例[J].出版广角，2019(16)：65-67.

⑤ 赵双.以家庭为单位的民间儿童阅读推广活动特色案例及启示[J].图书馆，2020(5)：99-105.

⑥ 张志强，尹召凯.以读攻“毒”：疫情背景下的阅读调查分析[J].编辑之友，2020(6)：28-33.

⑦ 张文彦.阅读史视域下我国当代阅读推广组织的起源、现状与发展趋势[J].出版发行研究，2019(6)：23-28.

⑧ 吴凤鸣.北京“区级”全民阅读的别样探索和实践：北京16+1区2020年上半年全民阅读简述[J].新阅读，2020(10)：7-8.

⑨ 宁晓旭.2010—2019年我国高校图书馆阅读推广研究文献的计量分析[J].科教导刊(下旬刊)，2020(24)：187-188.

⑩ 王贵海，孙鹏.我国阅读推广研究演进路径、热点与趋势分析：基于CiteSpace的可视化分析[J].图书馆工作与研究，2020(3)：49-54.

⑪ 欧瑞祥.我国全民阅读研究领域的知识图谱可视化分析[J].图书情报导刊，2019(3)：52-61.

3.以政府为主要研究对象的全民阅读立法和政策执行研究

张畅[①]基于政策网络理论视域，从理论和实证方面对全民阅读推进路径进行解析。卿倩、李桂华[②]建议加强政策工具协同，优化全民阅读政策工具体系，促进多主体共同推动全民阅读事业发展。张波[③]认为应将完善全民阅读制度体系内嵌于国家现代化治理中。李龙、刘汉能[④]讨论了技术对阅读现代化与治理体系化的双向影响。中国新闻出版研究院等编著[⑤]的《国外全民阅读法律政策译介》涵盖多个国家的法律政策，为我国的阅读立法提供借鉴和启示。林宜榕[⑥]认为我国全民阅读立法工作应增强政府协调指导作用。周蔚华、邵士博[⑦]通过对10个城市全民阅读的立法情况进行归纳总结，为今后全民阅读的立法工作和实践开展提供建议。谭小军、周安平[⑧]通过分析国家及地方立法文本，认为应该提高立法的可执行性。

4.阅读评价指标体系的研究

徐同亮[⑨]通过研析我国公共阅读服务评价现状，提出公共阅读服

① 张畅.政策网络视阈下全民阅读推进路径优化研究：以石家庄为例[D].保定：河北师范大学，2020.

② 卿倩，李桂华.政策工具视野下我国省级全民阅读政策研究[J].中国图书馆学报，2020(3)：88-101.

③ 张波.全民阅读的时代表达：阅读影响与国家治理[J].出版发行研究，2020(7)：11-15.

④ 李龙，刘汉能.技术变迁视域下全民阅读的现代化与治理体系化[J].出版发行研究，2020(7)：5-11.

⑤ 中国新闻出版研究院，江苏省全民阅读办.国外全民阅读法律政策译介[M].南京：译林出版社，2015.

⑥ 林宜榕.2019年我国5部地方性全民阅读促进法规研究[J].图书馆学研究，2020(8)：63-72.

⑦ 周蔚华，邵士博.全民阅读城市建设的地方立法与实践：基于对10个城市法律文本分析与实践活动的考察[J].出版科学，2019(5)：12-21.

⑧ 谭小军，周安平.新时代我国全民阅读立法的困境与对策：基于全民阅读立法文本的分析[J].现代出版，2019(1)：8-12.

⑨ 徐同亮.公共阅读服务评价指标体系探究[J].图书馆论坛，2016(1)：47-52.

务评价原则,建立指标体系框架。李淑湘、何婧、李衡[①]以金陵图书馆为例,从平衡记分卡视角,重构了全民阅读活动绩效评价模型。康健、祝小宁[②]基于均等化的逻辑基础,构建均等化视域下的全民阅读测评指标体系,并以成都市 2017—2018 年数据为基础,应用与验证指标体系的可行性。中国新闻出版研究院“书香社会指标体系”课题组[③]通过对居民的阅读率、阅读量、阅读观念、阅读公共服务普及度、利用度和满意度的考察,研究并创建了书香社会指标体系。

5.我国城市和乡村阅读的研究

在乡村阅读研究方面,谢巍、刘益[④]从政府层面提出建议,认为应根据中西部欠发达地区的学生的实际情况,对其阅读能力进行分级培养,并将这种阅读能力培养成果纳入当地政府的考核体系之中。叶松庆、张园园等[⑤]通过对 3,085 名农村留守儿童的调查,就如何改善农村留守儿童的阅读现状做了积极的探索。房慧[⑥]和储节旺、刘秉玉[⑦]以农家书屋为研究对象,对农家书屋如何在全民阅读中发挥乡村阅读推广的作用提出建议。

---

① 李淑湘,何婧,李衡.基于平衡记分卡的公共图书馆全民阅读活动绩效评价模型设计[J].财务与金融,2020(4):75-79.

② 康健,祝小宁.均等化视域下的全民阅读指数测评指标体系研究[J].图书馆学研究,2020(9):65-71.

③ 中国新闻出版研究院“书香社会指标体系”课题组.书香社会阅读评估指标体系建设[J].科技与出版,2019(8):6-9.

④ 谢巍,刘益.中西部欠发达地区中小学阅读扶助机制落实:政府层面的策略建议[J].中国出版,2019(14):66-68.

⑤ 叶松庆,张园园,陈寿弘.实施乡村振兴战略视域下农村留守儿童阅读要义[J].中国出版,2019(24):23-29.

⑥ 房慧.全民阅读如何防止农家书屋的“孤岛效应”[J].科技与出版,2019(8):120-123.

⑦ 储节旺,刘秉玉.农家书屋助力乡村振兴战略实施的对策研究[J].国家图书馆学刊,2019(3):36-44.

在城市阅读研究方面，祝兴平[①]解读了“2017 数字阅读 TOP100 城市排行”数据，分析各地城市数字化阅读排行的意义与价值。仇恢[②]通过问卷调查，对广州市的阅读环境、阅读现状和阅读趋势及其成因进行分析，提出利用图书馆促进广州城市阅读的对策。陈庚、胡雅纯[③]通过对湖北省 77 个行政村的问卷调查和实地访谈，利用凯利的归因理论，分析农村居民公共阅读低度参与的原因，并在行动者、刺激物、外在情境等层面提出建议。宫昌俊、曹磊[④]根据“三味书咖”的建设经验，认为图书馆应加强宣传推广工作，积极构建现代公共文化服务体系。

在城乡阅读对比方面，研究主要集中在对城乡儿童、青少年、亲子阅读的对比上，涉及的领域包括阅读能力、课外阅读、阅读服务、阅读现状、阅读教学等。薛天[⑤]在湖南 9 个地区的城乡小学和少年儿童集中的地方发放问卷 36,076 份并对其中有效问卷 29,968 份进行分析后，总结出了湖南省城乡少年儿童阅读的特点、现状，认为阅读环境、阅读兴趣、阅读习惯以及图书馆建设是城乡阅读差异的影响因素。杨翠萍[⑥]以问卷调查的形式，重点对我国广东和青海地区城乡少年儿童的课外阅读兴趣、课外阅读能力进行了研究，提出政府应该注重营造

① 祝兴平.全民阅读背景下数字阅读城市排行的意义与价值：基于龙源“2017 数字阅读 TOP100 城市排行”的分析[J].科技与出版，2018(8)：24-29.

② 仇恢.促进城市阅读 构建和谐广州[J].图书馆论坛，2009(1)：29-32.

③ 陈庚，胡雅纯.农村居民公共阅读低度参与归因分析：来自湖北省 77 个行政村的调查[J].中国图书馆学报，2020(5)：36-53.

④ 宫昌俊，曹磊.江苏江阴市：推动城市阅读联盟的实践探索[J].国家图书馆学刊，2015(4)：16-20.

⑤ 薛天.关于城乡少年儿童阅读状况的比较与思考：基于湖南省少年儿童阅读调查报告[J].图书馆工作与研究，2013(1)：118-121.

⑥ 杨翠萍 东西部欠发达地区少年儿童阅读现状比较分析：以广东粤西和青海西部柴达木地区城乡小学生为例[J].图书馆工作与研究，2012(4)：112-115.

阅读环境，图书馆和学校应加强联合培养少儿的阅读兴趣、阅读能力并进行阅读方法的指导。蒋薇、杨章①运用问卷法对毕节市城乡3—6岁幼儿阅读现状和问题进行调研，提出相应的解决策略。

潘晓婷②以知沟理论为视角，审视城乡少儿阅读在收入、教育、公共资源配置、媒介使用等方面的差异，提出政府、出版企业、民间力量三方联动，改善乡村少儿阅读的软硬环境，弥合"知沟"的建议。徐升国③提出以数字化阅读为契机，缩小城乡阅读鸿沟。

6.国外全民阅读现状的研究

何映霏、岳鸿雁④研究了新加坡社区公共阅读空间的发展策略。陆璐、王上⑤梳理了欧美阅读的推广现状、经典案例以及活动经验。樊燚琴概述了日本社区阅读环境的建设情况⑥，李红梅⑦对俄罗斯普遍开展且较有影响的全国性阅读活动的研究，以及孟磊、单芳⑧对韩国的阅读立法的研究等，从多个方面对我国如何推广全民阅读提出建议。付伟棠⑨从儿童阅读动机、阅读行为等角度分析了美国《儿童与家庭阅

---

① 蒋薇，杨章.城乡3~6岁幼儿阅读现状及对策研究：以毕节市为例[J].教育现代化，2019(98)：232-236.

② 潘晓婷.少儿阅读中的城乡"知沟"与"知沟"弥合[J].出版参考，2019(5)：16-19.

③ 徐升国.以数字化阅读为契机，缩小城乡阅读鸿沟[J].出版参考，2019(5)：1.

④ 何映霏，岳鸿雁.第三空间视域下新加坡社区公共阅读空间的发展探究[J].出版发行研究，2020(1)：78-83.

⑤ 陆璐，王上.欧美国家的阅读推广及其经验借鉴[J].图书馆学刊，2019(9)：137-142.

⑥ 樊燚琴.日本社区阅读环境构建模式与启示[J].中国出版，2019(7)：64-67.

⑦ 李红梅.俄罗斯全国性阅读促进活动的开展与启示[J].大学图书情报学刊，2019(2)：119-123.

⑧ 孟磊，单芳.韩国阅读立法的经验与启示[J].科技与出版，2019(7)：98-104.

⑨ 付伟棠.美国《儿童与家庭阅读报告》剖析及儿童阅读的新趋势[J].图书馆理论与实践，2019(1)：43-48.

读报告》并总结出儿童阅读趋势。池骋、吴琦[①]以美国的 NCLB 法案为例,提出我国阅读立法的相关建议。

谷征[②]在对美国图书阅读调查机构如美国国家艺术基金会、皮尤研究中心、鲍克公司、益普索的现状和调查方法等进行分析后,提出目前我国图书阅读调查存在的问题及解决方式。

张佳颖[③]通过对比中韩国民阅读数据,分析中韩国民阅读影响要素,如教育程度、教育经费投入、图书馆建设等,进而对我国如何提升国民阅读进行展望。

对目前阅读指数相关文献的梳理,大致可以总结为以下几点:第一,近年来关于全民阅读的研究文献数量逐渐增多,并且与阅读推广策略等主题联系紧密;第二,相关的策略研究多以全民阅读为整体进行研究,缺少对比研究;第三,近年来城市阅读和乡村阅读研究出现,部分学者从不同维度对城市阅读和乡村阅读策略进行了探讨,但相关的理论研究有待加强;第四,城乡阅读对比研究、国内外对比研究较少;第五,如何在区域要素流动理论下实现城乡阅读互动的策略研究较少。主要集中在对城乡儿童、青少年、亲子阅读的对比研究,涉及的领域主要包括阅读能力、课外阅读、阅读服务、阅读现状、阅读教学等方面。

① 池骋,吴琦.美国青少年阅读立法研究及对我国的启示:以 NCLB 法案为例[J].科技与出版,2016(11):22-27.

② 谷征.美国图书阅读调查主要机构及其调查方法[J].出版发行研究,2019(2):85-91.

③ 张佳颖.中韩国民阅读状况比较研究[J].出版发行研究,2017(7):98-101.

二、国外研究综述

围绕"nationwide reading""reading promotion""reading in urban and rual areas""urban and rural reading interaction""reading program"等进行主题检索，通过分析筛选，发现国外对"阅读"的研究主要从教育学、语言学、心理学、传播学等角度展开。通过实证的方式来探析如何让读者更好地阅读和理解阅读的意义。国外对于全民阅读的研究，主要集中在阅读推广方式与策略研究上，以读者为研究对象的阅读行为的研究，全民阅读调查，梳理阅读的发展历史及定义等方面。

1.阅读推广方式与策略研究

泰国学者 Somsong Sangkaeo① 研究东南亚国家联盟(ASEAN)图书馆为提高人们的认识而开展的阅读活动，在总结一系列成功案例的基础上提出未来应通过提供知识服务、加强活动宣传和实行数字化阅读来提高活动的力度和质量。

Colleen Boff, Kristin Johnson② 通过对图书馆员和各自院校的一年级体验课程(first-year experience)的教师进行调研，认为图书馆员应该在这样的课程中扮演更重要的角色，从而更好地提高大一新生的信息素养。

---

① SANGKAEO S. Reading habit promotion in ASEAN libraries[J/OL].[2021-09-10].http://www.ifla.org/IV/ifla65/paper/091-114e.htm.

② BOFF C, JOHNSON K.The library and first-year experience courses: a nationwide study[J]. Reference services review, 2002(4):277-287.

Ratnawati Mohd Asraf, Ismail Sheikh Ahmad[①] 介绍了在马来西亚三所农村中学开展的广泛阅读计划,并对在农村学校成功实施广泛的阅读计划提出了建议。Maryna de Lange, Chris Winberg, Hanlie Dippenaar[②] 认为 CAPS(Curriculum and Assessment Policy Statement)课程评估系统没有为提高阅读理解能力提供足够的指导,建议制定更好、更有实证依据和咨询性的政策与准则。

2.以读者为研究对象的阅读行为的研究

印度学者 A. K. M. Eamin Ali Akanda, Kazi Mostak Gausul Hoq, Nazmul Hasan[③] 通过问卷调查,对孟加拉大学学生的阅读习惯偏好进行分析,探讨孟加拉大学学生的阅读习惯如何受到其他各种因素的影响。并根据研究结果从家庭、学校、图书馆和教育部门四个方面提出改善青少年阅读习惯的建议。

荷兰学者 Gerbert Kraaykamp[④] 在研究了荷兰过去 50 年的阅读推广活动后发现,青少年时期是培养阅读习惯的最佳时期,父母对阅读的重视程度直接影响孩子的阅读水平。马来西亚学者 Suher Sulaiman, Maslawati Mohamad, Azlina Abdul Aziz 等[⑤]认为家长、教师、学

---

① ASRAF R M, AHMAD I S. Promoting English language development and the reading habit among students in rural schools through the Guided Extensive Reading program[J]. Reading in a foreign language, 2003(2).

② DE LANGE M M, WINBERG C, DIPPENAAR H. Why the English home language Curriculum and Assessment Policy Statement will not improve learners' reading comprehension[J]. Reading & writing, 2020(1): 9.

③ AKANDA A K M E A, HOQ K M G, HASAN N. Reading habit of students in Social Sciences and Arts: a case study of Rajshahi University[J]. Chinese Librarianship, 2013(35): 60-71.

④ KRAAYKAMP G. Literary socialization and reading preferences. Effects of parents, the library, and the school[J]. Poetics, 2003(3-4): 235-257.

⑤ SULAIMAN S, MOHAMAD M, AZIZ A A, et al. 21st Century reading strategy program to read English reading material for primary school pupils[J]. Creative education, 2020(8): 1289.

校应该改变对阅读的传统理解，充分了解孩子的阅读兴趣和阅读习惯，三方相互交流孩子们的情况，借助孩子们感兴趣的应用程序促进他们的阅读理解能力。越南学者 Trung Tran, Thi-Thu-Hien Le, Thu-Trang Nguyen 等[①]利用对越南北部 1,676 名初中生的观察数据，探讨学生的阅读行为及其与人口因素、家庭阅读文化的关联。数据分析表明，学生年龄越大，阅读倾向越低，阅读习惯的养成也与获取图书的能力和父母的图书阅读量呈正向强化关系。Alison W. Arrow, William E. Tunmer[②] 认为阅读教学必须利用差异化教学方式并需要首先评估孩子的认知水平。Kim Christian Schrøder[③] 讨论了后广播时代如何重塑自我的方式。

Kathryn H. Au[④] 认为多样化的建构主义观点可能会鼓励扫盲教育者从主流取向发展为重点考虑学生的种族、母语及社会阶层对识字学习的重要程度。作者认为从社会建构主义角度来看，城乡扫盲的差异可以从语言、文化、重视程度、教育质量、学习意愿程度的不同来解释。该框架表明，教学目标、母语、教材、课堂管理质量、师生互动情况、教学方法和教学评估等因素的不同，扫盲教育的质量也会不同，对学生产生的作用也不同。

---

① TRAN T, LE T T H, NGUYEN T T, et al. The relationship between birth order, sex, home scholarly culture and youths' reading practices in promoting lifelong learning for sustainable development in Vietnam[J]. Sustainability, 2019(16): 4389.

② ARROW A W, TUNMER W E. Contemporary reading acquisition theory: the conceptual basis for differentiated reading instruction [M]//SUGGATE S, REESE E. Contemporary debates in childhood and education. London: Routledge, 2012: 241-249.

③ SCHRΦDER K C. Audience reception research in a post-broadcasting digital age[J]. Television & new media, 2019(2): 155-169.

④ AU K H. Social constructivism and the school literacy learning of students of diverse backgrounds [J]. Journal of literacy research, 1998(2): 297-319.

3.全民阅读调查

国外早期从事阅读调查的有出版学、语言学、心理学等领域的专家,之后国家机构、行业协会、传媒集团、市场调查公司也会定期开展阅读调查。Juli-Anna Aerila,Tuula Merisuo-Storm① 对两个芬兰阅读推广项目 JEKKU(2010—2011)和 LUKUINTO(2012—2015)的研究表明,阅读环境、阅读时长、阅读兴趣和阅读的获得感是提升孩子阅读乐趣的关键要素。

Stefan Gustafson,Linda Fälth,Idor Svensson 等②对瑞典 14 名有阅读障碍的二年级儿童进行两种不同的阅读培训,结果表明,不同的认知变量与不同组的治疗效果相关,在培养有阅读障碍的儿童的阅读能力时应注重结合"自上而下"(top-down)和"自下而上"(bottom-up)阅读方法,且同时考虑儿童的个体差异性。Payman Rajabi③ 通过问卷调查、随机测试等方法从 600 名学生中选出 160 名 17—18 岁的伊朗农村和城市男性学生参与调查。通过自上而下和自下而上两种阅读方法进行十次阅读实验,提出应注重学生阅读动机的培养,农村孩子需用多种阅读策略提高阅读力。教学大纲的编写者应考虑到城市和农村孩子的阅读特点,编写更有针对性和包容性的教材。

Suzanne E. Graham,Christine Teague④ 在 1998 年至 2008 年对英国

① AERILA J A,MERISUO-STORM T. Emergent readers and the joy of reading: a finnish perspective [J]. Creative education,2017(8):2485-2500.

② GUSTAFSON S,FÄLTH L,SVENSSON I,et al. Effects of three interventions on the reading skills of children with reading disabilities in grade2 [J]. Journal of learning disabilities,2011(2):123-135.

③ RAJABI P. Cultural orientation and reading comprehension models: the case of Iranian rural and urban students[J]. Novitas-Royal,2009(1).

④ GRAHAM S E,TEAGUE C. Reading levels of rural and urban third graders lag behind their suburban peers[R/OL].[2021-09-07].https://files.eric.ed.gov/fulltext/ED536109.pdf.

有代表性的22,000多名儿童进行了抽样调查,他们发现,儿童的阅读成绩是家庭、学校和社区因素相互作用的结果,郊区幼儿园学生入学时的阅读水平略高于城市和农村的孩子,家庭背景是农村、城市和郊区阅读差异的基础。Fernando Cartwright, Mary K. Allen① 研究发现,农村和城市阅读表现之间的差异与社区差异关系十分密切。

4.梳理阅读的发展历史及定义

P. David Pearson, Gina Cervetti② 通过一个简单的视觉模型来分析文本、读者和语境的关系,阐释阅读力的发展史。Mary E. Curtis, Robert Glaser③ 总结了单词解码、语义访问、句子处理和话语分析等关键术语,认为阅读是一个涉及相互关联的各种技能的复杂过程。Melanie R. Kuhn, Paula J. Schwanenflugel, Elizabeth B. Meisinger④ 探讨了阅读力的定义及其与准确性、自动性和韵律的关系。

综上,目前对于城乡阅读的研究主要集中于阅读状况、阅读环境与对策建议等方面,大部分研究都仅侧重于某一点,缺少综合阅读行为、阅读资源、阅读环境、阅读促进政策与机制的全方位研究。同时,城乡阅读对比研究主要集中在对城乡儿童、青少年、亲子阅读的对比研究,涉及的领域包括阅读能力、课外阅读、阅读服务、阅读现状、阅读

---

① CARTWRIGHT F, ALLEN M K. Understanding the Rural-Urban reading gap[C].Ottawa: Human Resources Development Canada, 2002.

② PEARSON P D, CERVETTI G. Fifty years of reading comprehension theory and practice[M]// PEARSON P D, HIEBERT E H. Research-based practices for common core literacy, New York & London: Teachers College Press, 2015: 1-24.

③ CURTIS M E, GLASER R. Reading theory and the assessment of reading achievement[J]. Journal of educational measurement, 1983(2): 133-147.

④ KUHN M R, SCHWANENFLUGEL P J, MEISINGER E B. Aligning theory and assessment of reading fluency: automaticity, prosody, and definitions of fluency[J]. Reading research quarterly, 2010(2): 230-251.

教学等方面。城乡阅读研究更强调对立与比较,在数字媒体与数字出版日益发展的今天,缺少数字环境下城乡阅读中应有的沟通与互动研究。

第四节 理论基础

一、布迪厄文化社会学理论

布迪厄文化社会学的研究对象是社会实践活动,实践理论研究能揭示社会实践活动的发展机制、内在逻辑结构并探寻其发展规律。① 全民阅读作为一项同时具有社会属性和文化属性的实践活动,与文化社会学有着天然的耦合性,运用布迪厄文化社会学的观点来分析全民阅读视域下城乡阅读的现状,能够为城乡阅读提供新的思考路径。

布迪厄的文化社会学理论以惯习理论、文化资本理论和场域理论三个理论工具进行实践研究。布迪厄认为惯习既是个体的又是集体的,主体惯习与客观社会结构、主体周边的生存环境、主体所接触的群体紧密联系。惯习会随着主体经验的影响不断强化。惯习理论反映的是主体自身的倾向,是主体行为的内动力。布迪厄认为资本包括经济、社会和文化资本。② 场域理论认为场域是相对独立的社会空间,有其自身的发展逻辑和发展规律。书店、公共图书馆都是文化场域,当我们走进其中就能自然地感受到这个场域带给我们的文化氛围,从而

---

① 郎玉林,徐锐,栾荣.基于文化社会学的全民阅读发展研究[J].图书馆建设,2016(10):9-12.

② 郎玉林.社会学理论在全民阅读发展中的引入与思考:布迪厄之文化资本理论[J].出版发行研究,2018(5):18-22.

让我们产生阅读欲望。将布迪厄的惯习理论、文化资本理论和场域理论对应到全民阅读视域下的城乡阅读即形成了三个基本要素——阅读行为、阅读资源和阅读环境。

二、区域要素流动理论

城乡关系的研究发展至今,已经历了多重演变。20世纪八九十年代,经济和科技的发展使城乡关系发生了新变化。一些学者关注到了这种城乡的互动与界限的消弭,提出了新的理论观点。Tim Unwin① 梳理了自20世纪50年代末以来城乡互动的各种理论后,结合非洲、亚洲、中东和加勒比地区的案例,首次提出了城乡间的"流"的观点,从人员、货物、资金、资本、新技术、能源、信息和思想流动的形式等方面构建了分析框架。随后,McGee② 在对比亚洲城乡接合部的变化与欧洲传统城市化的进程后,从城乡要素流动和城乡相互作用的角度,提出了"desakota"模式,并分析了这种模式的出现对未来亚洲城市化的影响。

随着网络技术的进一步发展,城乡以及区域之间的差距依然存在。为了探讨城乡如何均衡发展,城乡关系如何更加对等。Mike Douglass③ 在分析总结了前人各种理论的基础上,结合网络技术发展

---

① UNWIN T. Urban-rural interaction in developing countries: a theoretical perspective[M]//MOUNTJOY B A. The geography of urban-rural interaction in developing countries. London:Routledge,2017:11-32.

② MCGEE. Labour force change and mobility in the extended metropolitan regions of Asia[M]//FUCHS R J,et al. Mega-city growth and the future. Tokyo:Uniter Nations University Press,1994:62-93.

③ DOUGLASS M. A regional network strategy for reciprocal rural-urban linkages: an agenda for policy research with reference to Indonesia[J]. Third world planning review,1998(1):1-33.

带来的变化,从城乡间是相互联系、相互依存的关系视角出发,对印度尼西亚的区域差异和互动展开实证分析,提出了区域网络发展模型。他认为城乡之间的流动要素分为人口、生产、商品、资金和信息,乡村通过这一系列的要素流动与城市联系、互动。城乡之间不仅同种要素互动,不同要素之间也相互联系、相互作用。在此前提下,城乡要素间的互动构成区域网络模型。Douglass 认为数字技术可以促使城乡之间更便利地连接,强调区域网络发展对城乡互动的作用。杨晓娜、曾菊新①认为城乡要素以要素流的形式出现,是影响城市与乡村发展的主要因素。Kenneth Lynch② 也分析了各种"要素流"对城乡互动的影响。程响、何继新③认为区域要素流动以各种交通、通信工具为依托,以对流、传导、辐射为主要形式,以提高生产要素的使用效率为目的。

城乡之间要素的流动与耦合促成了城乡之间的互动。要素流动下的城乡互动不仅能够解决我国城乡阅读不均衡的问题,也有利于提升我国的城乡阅读率。

在上述概念研究的基础上,针对城乡阅读的实际情况,可以使城乡之间的阅读资源、阅读环境、阅读行为要素相互交流、相互融合,进而改变彼此,实现资源的优化配置,最终实现全民阅读的发展。城乡阅读要素的互动具有持续性、相互关联性和方向性的特征。要素流动的结果体现为城乡各类要素在数量、质量与结构上的变化。要素流动贯穿了整个城乡互动发展的生命周期,既是城乡阅读存在差异的原因与结果,也是城乡互动的策略与目标。因此,基于要素流动视角对城

① 杨晓娜,曾菊新.城乡要素互动与区域城市化的发展[J].开发研究,2004(1):83-85.

② LYNCH K. Rural-urban interaction in the developing world[M]. London:Routledge,2005.

③ 程响,何继新.城乡融合发展与特色小镇建设的良性互动:基于城乡区域要素流动理论视角[J].广西社会科学,2018(10):89-93.

乡阅读的差异现象进行深入分析,更具有系统性、全面性以及动态性,能抓住问题的本质,阐明城乡阅读差异的核心问题,形成逻辑自洽的理论解释。

第五节 研究思路与方法

一、研究思路

先从历时角度出发,研究回顾全民阅读的推广情况和发展过程,总结活动特点;然后从共时角度出发,分析城乡阅读存在的差异现状问题,以此来辨析影响城乡阅读均衡发展的重要因素。主要逻辑是通过分析城乡阅读现状的特点,提出相应的城乡之间互动的策略。

首先,全民阅读背景下城乡阅读率一直存在差距,亟须为城乡阅读均衡发展寻找相应的策略。本研究以此为目标,界定了全民阅读、城市阅读和乡村阅读的概念,将布迪厄文化社会学理论和城乡要素流动理论作为研究城乡阅读互动的理论基础,使用文献研究法综合梳理了国内外城乡阅读研究的现状,为我国城乡阅读提供文献参考。

其次,本研究通过梳理国外城乡阅读的现状,总结特点,为我国的城乡互动策略提供借鉴。梳理国内城乡阅读现状,在国内外对比中发现各自的特点和问题,寻找互动的具体要素。

最后,本研究在分析城乡阅读要素差异的基础上,借鉴城乡要素流动理论,并结合国内外成功案例,提出相关策略。

二、研究方法

本书采取的研究方法主要有：

第一，文献研究法。通过研读国内外与全民阅读、城市阅读、乡村阅读、城乡关系的相关文献以及著作，对文献进梳理、归纳、总结，为本书的研究方向寻找合理的理论依据。

第二，实地调研法。主要是通过电话访谈、实地参观等方式，获得农家书屋以及北京城市阅读空间的一手数据。对调研资料进行筛选和整理，归纳出各自的特点，进一步了解目前的真实状况。实地调研法更善于描述事物的现象，访谈更适合解释发展过程的问题。通过提问、倾听、适时追问，可以洞察现状背后的原因，并对原因进行深入和细致的分析。

第三，专家座谈法。通过专家座谈，对城市阅读现状、问题以及可能的解决方法进行探讨，从学术层面对城市阅读的特点、现状进行深入的分析。

第四，对比研究法。对比我国城乡阅读现状，总结其相同点与不同点，以及不同要素的情况。通过对比研究，我们可以探究城乡阅读互动的思路和方法。

第二章

我国城市阅读现状研究

2016年,全民阅读工作首次被纳入《国民经济和社会发展第十三个五年规划纲要》,并被列为重大文化工程之一。2016年,《全民阅读“十三五”时期发展规划》正式对外发布,这也是我国第一个全民阅读专项规划,这一切都体现了全民阅读经过十多年的成长,已经上升为国家战略,正在迎来新的发展机遇。

目前,全民阅读的理念更加深入人心。全国所有省份、数百个城市,都纷纷设立了城市阅读节或读书活动。如“北京阅读季”“深圳读书月”“上海读书周”“书香岭南”“书香江苏”“书香荆楚”“书香八桂”“书香天山”等读书活动。遍及全国所有行政村的60万家农家书屋,覆盖大中小城市的3,200家公共图书馆,12万家实体书店,分散在城市各个角落的城市社区书屋、自动借书机、街头阅报栏,以及每年出版总数达24万种的新书,都在构成我国全民阅读的文化版图。

随着阅读推广工作的深入,我国城镇居民的阅读意识进一步增强。通过对我国城镇成年居民2020年图书阅读率和阅读量的考察发现,我国城镇居民的图书阅读率为68.3%,高于2019年的67.9%;我国城镇居民的人均纸质图书阅读量为5.54本,较2019年的5.48本多0.06本。

从城镇公共阅读服务的使用率、知晓率和满意度的角度出发,2020年我国城镇成年居民对所居住的街道附近有公共图书馆、社区阅览室/社区书屋/城市书房、报刊栏等至少一种公共阅读服务设施的知晓率为 51.1%。其中,对公共图书馆的知晓率为 29.9%;对报刊栏的知晓率为 27.4%;对社区阅览室/社区书屋/城市书房的知晓率为 24.8%。

从对各类公共阅读服务设施的使用情况来看,我国城镇成年居民对阅读服务设施的满意度较高。根据相关调查,2020 年我国城镇成年居民中,使用过公共图书馆的比例为 13.9%;使用过报刊栏的比例为 11.1%;使用过社区阅览室/社区书屋/城市书房的比例为 9.1%。在使用过以上公共阅读服务设施的城镇成年居民中,公共图书馆的使用满意度最高,为 76.7%;社区阅览室/社区书屋/城市书房的使用满意度为 70.0%;报刊栏的使用满意度为 62.0%。①

由于城镇文化发展程度较高,阅读资源种类丰富,有些阅读推广或服务机构通过打造品牌活动来凝聚阅读资源,进而有针对性地推进全民阅读。比如 2016 年年初,中国新闻出版传媒集团有限公司举办了“妈妈导读师”亲子阅读大赛,在短时间内聚集了很高的人气,吸引了众多媒体的关注,获得了年轻父母、孩子以及政府部门的认可,有力推动了全民阅读。目前,“妈妈导读师”活动影响力逐步扩大,成为中国亲子阅读活动运营与传播的一个品牌。

除了阅读机构通过建立阅读品牌来推广阅读之外,民间力量合作举办民间读书会也成为全民阅读推广工作的重要组成部分。散落在民间的各类大大小小的读书会虽然是组成庞大的公众阅读队伍以及推进全民阅读的重要力量,但却缺少与政策和资源之间的联通。在这种背景下,民间读书会开始自发地联合起来,通过论坛、会议、沙龙等形式互通资源、相互借力。2014 年 4 月 12 日,“2014 北京共同阅读促

① 第十八次全国国民阅读调查报告权威发布[EB/OL].(2021-04-24)[2021-09-17].https://www.thepaper.cn/newsDetail_forward_12369739.

进大会暨首届民间读书会发展交流大会”在北京举办,来自全国 50 多家民间读书会和 20 多家其他阅读组织的代表共 200 多人参加了大会。

除了一年一度的民间读书会发展交流大会外,各地有影响力或倡导力的读书会组织或个人也在本地区小范围内举办论坛或沙龙,讨论读书会发展中的现实问题并寻求解决方案。比如北京地区的“读联会阅读智库”在 2018 年连续多次举办沙龙,结合不同主题讨论读书会的发展思路。再如,杭州读书会微论坛于 2018 年 8 月在杭州举行,杭州和上海地区的十几家读书会的负责人到场,就读书会运行发展中遇到的实际问题进行了互动和交流。

民间读书会具有数量多、规模相对较小、组织方式灵活、阅读分享更为便捷等优势,有能力和条件开展阅读推广活动。在全民阅读大背景下,民间读书会的活跃和抱团体现了推广阅读的责任心。有了民间读书会健康、良性、可持续的发展,才能更好地促进全民阅读走向广泛和深入。①

一个国家、一座城市的全民阅读发展水平,首先指的是国家与城市的居民总体阅读水平,而居民阅读水平的提高也是书香社会建设的终极目标。无论是全民阅读基础设施的建设、阅读资源的聚集、公共阅读服务水平的提高,还是阅读产业的发展、阅读社会组织的涌现、政府全民阅读工作的推进,其终极目标和长远价值都在于提高居民的阅读水平,提高居民阅读水平是全民阅读高质量发展的核心要义。

其次,居民阅读水平的提高是全民阅读高质量发展的真实反映。全民阅读的高质量发展、书香社会的创建只有在工作成效和阅读者层

---

① 陈丹,常昕.中国读书会发展调查研究报告[M].北京:人民出版社,2019:5-6.

面得到切实反馈,才能体现全民阅读促进工作的价值。

第一节　典型城市阅读现状分析

一、北京市——资源联动,打造文化地标

北京作为"首善之区",开展全民阅读,是繁荣首都文化、建设国际一流的和谐宜居之都的重要工程,更是打造北京全国文化中心的重要支撑。

2017 年,北京市发布《北京市全民阅读"十三五"时期发展规划》,明确提出持续完善全民阅读"引导平台、资源平台、媒体平台、活动平台、支撑平台和培育平台"的"六位一体"公共服务平台和"政府引导、业界支持、社会参与、群众受益"的推广体系;配合《关于支持实体书店发展的指导意见》等全民阅读相关扶持政策,北京市在 2018 年投入 5,000 万元财政扶持资金,帮扶实体书店的发展。北京从整体上着眼推进全民阅读的战略方向,制定和推行各项扶持政策。①

从 2020 年以来,北京 16+1 区紧紧围绕《2020 年北京全民阅读暨第十届书香中国·北京阅读季总体方案》,并结合各个区的实际情况,注重加强"市区联动",聚集资源,开展全民阅读的别样探索和实践,开创了全民阅读工作联动的新局面。即使受到新冠肺炎疫情的影响,各个区仍旧积极组织举行了形式多样的全民阅读活动。②

① 徐升国,汤雪梅,杨俊康.书香北京走向新时代:2018 年度北京全民阅读"一区一品"调研总报告[J].新阅读,2019(4):13-18.

② 吴凤鸣.北京"区级"全民阅读的别样探索和实践:北京 16+1 区 2020 年上半年全民阅读简述[J].新阅读,2020(10):7-8.

1.阅读推广

北京市许多区已经建成了“区级—地区级—街乡级—社区(村)级”四级公共文化服务网络,比如朝阳区现有区级设施5个,街乡级文化中心43个,社区(村)级文化活动室495个。截至2019年,新增街乡文化中心、社区(村)文化活动室110处,设置率达到100%,达标率分别由创建初的21%、26%上升到100%、96%。新接收文化配套31处、5万余平方米,基本形成“15分钟文化服务圈”。①

各区全民阅读“一区一品”特色建设是全区整体文化建设的一个组成部分,近几年来,北京市16+1区都开始制定主题鲜明的全民阅读方案,并在世界读书日期间开展了各区的全民阅读启动仪式。为确保全民阅读活动的开展,每个区都已成立了全民阅读活动领导小组,构建起有效的自上而下的全民阅读推广架构。

在服务方式上,北京市充分利用“互联网+”时代的科技手段,实现“自助图书二维码借阅”“预约借书平台”“阅读活动线上线下同步直播”等便利化服务的普及。依托各区图书馆的手机App和微信公众号,建立全民阅读数字资源平台。在阅读产品提供上,充分利用数字技术,大力推进数字化阅读,发展线上线下互通的读书会,通过互联网辐射功能,使优质资源下沉到郊区、边远地区和经济较落后地区,改变区域发展不平衡的现状。

在推进实体书店建设的过程中,北京市出台了《关于支持实体书店发展的实施意见》确定了“七有”“五性”指标体系中“万人拥有0.8个书店”的建设任务。截至2020年2月底,全市新增73家实体书店。在此期间,新冠肺炎疫情来势汹汹,使许多实体书店在困境中挣扎。

① 刘莹.对全国文化中心与北京全民阅读建设的思考[N].中国新闻出版广电报,2020-08-06(4).

为解决实体书店的困难,《中共北京市委宣传部应对新冠病毒疫情开展实体书店扶持项目征集工作的通知》发布,增加对实体书店在疫情期间的房租补贴数量和覆盖面,提前预支4—6月份房租成本补贴的政策,帮助书店缓解疫情期间的压力,着力解决房租这一实体书店在疫情期间面临的最大成本负担。北京市还将重点打造200家特色书店,在全市建立起布局合理、层次分明、特色浓郁、多业融合的实体书店发展新格局。全市实体书店行业整体运行平稳,没有因为疫情而出现书店大规模倒闭的情况。

截至2020年7月底,全市实体书店数量为1,730家,比2018年增加716家,同比增幅70%,比2019年增加431家,同比增幅33%。根据《2019—2020中国实体书店产业报告》中首次披露的2019年网络打卡书店排行榜,北京市实体书店数量排在全国第一。

目前,北京市已建有超过1,000平方米的综合性书城30多家。其中,朝阳区8家,东城区、西城区各5家,石景山区3家,海淀、顺义、大兴区各2家,通州、昌平、怀柔、延庆、平谷、北京经济技术开发区各1家。其他5个区综合性书城建设项目已落地,其中丰台区在西局旧村、门头沟区在中关村(京西)人工智能产业园各新建1家1,100平方米以上的综合书城,平谷、密云、房山区以各区新华书店为基础,分别打造1,000—1,200平方米的综合书城。2021年12月25日,随着房山区新华书店和华彩复兴书店两家书城的开业,标志着北京市实体书店一区一书城建设任务全面完成。

2.阅读品牌

在开展全民阅读工作的过程中,北京市结合自身优势,积极探索阅读推广新思路、新方式,以创新、发展、融合的方式打造自身阅读品牌“书香中国·北京阅读季”。同时,北京各区先后打造了适合本区文化发展需求、民众普遍欢迎的全民阅读品牌,如“书香朝阳”“书香海淀”“书香西城”“书香大兴”“书香房山”等。

“北京阅读季”启动于 2011 年 4 月,2014 年正式更名为“书香中国·北京阅读季”。“书香中国·北京阅读季”致力于“联结社会力量,创变阅读价值”,以“政府引导、业界支持、社会参与、群众受益”推广体系为基础,已经拥有 100 多家合作机构;联结超过 400 家公共阅读空间、300 位社会知名人士、300 家民间读书会;汇聚了 500 多家出版和文化单位、1,000 多家社会机构、100 多家主流媒体和万余名专业阅读推广人,年均阅读活动落地 30,000 多场次。

其每年都在明确主题定位的基础上,结合阅读推广重点人群,详细策划每一项活动的时间、地点、主题和举办单位,既有常规性活动,又有结合年度特点适当调整和增加的项目。经过前三届的探索,“书香中国·北京阅读季”的活动设置形成了以“篇”为单位,包括启动、引导、体验、示范、展示、传递六大板块,每篇再细化为若干项活动的模式,这样的活动安排,便于市民有预期地选择参与。2016 年第六届活动场次达到两万场,参加人数保持在 1,000 万人次左右,占城市总人口 1/3 的成员被动员和组织起来参加到阅读推广活动中,其活动内容之广、形式之多、组织之强、效果之明显,开创了阅读推广品牌的先河。

“书香中国·北京阅读季”在阅读推广过程中,充分利用北京作为全国政治文化中心所具有的得天独厚的文化、出版和媒体优势,建立了由国家新闻出版广电总局(2018 年 3 月后,为国家新闻出版署)和北京市人民政府主办、29 家成员单位和全市 16 个区共同参与的推广机构。它整合热心阅读公益事业的民间团体、中介机构、出版单位、新闻媒体等社会资源,组建了由 300 多家出版和文化单位参与的全民阅读资源推广平台和由实体书店、图书馆、益民书屋、大中小学校、各类企业和社区文化中心等构成的全民阅读活动推广平台，这些官方、社会和私人机构聚合成策划、组织、推广阅读品牌的有效力量，促成和培育了各类读书会、读书小组、故事妈妈群体等社会推广机构数千个，有效保证了阅读推广活动的顺利开展。

“书香中国·北京阅读季”组建了以著名学者、作家、出版人、资深书评人为主体的300多位阅读推广人队伍和专业化引导平台。同时，还策划推出了“领读者计划”项目，先后5期通过对机关公务员、出版机构人员、学校老师、益民书屋管理员、大学生社团、实体书店及社会中介阅读组织负责人等1,000余人的专业化培训，培养了广泛的基层阅读活动的组织者、发起者、传播者和倡导者，扩大了阅读推广队伍。这些人员来自基层和民间，又走进大众进行阅读推广，极大地增强了阅读推广品牌的亲和力和黏合度，提升了推广工作的专业化水平。

2020年，北京全市统筹举办各类阅读活动3万余场，影响和覆盖人群达2,000万人次以上。从2011年开始，北京市连续组织开展“金牌阅读推广人”“书香家庭”“书香社区”等“书香中国·北京阅读季”评选活动，共计推选出“金牌阅读推广人”“书香家庭”“书香社区”200余个。梁晓声、蒙曼、米夏、李峥嵘等一批“金牌阅读推广人”“书香家庭”带动效应凸显，“书香社区”典型示范作用明显。2020年，书香北京系列评选活动，增加“书香机关”和“书香企业”的评选。本届阅读盛典揭晓的相关奖项包括10位北京“金牌阅读推广人”、10个“书香家庭”、10个“书香社区”、10个“书香机关”和10个“书香企业”。

3.阅读活动

北京市一直致力于打造具有北京特色的阅读活动，通过细分人群、精准定位、创新形式的方式为人们提供多样化的阅读活动。社会各界也通过不同渠道参与到阅读活动中来，比如在“4 · 23”世界图书日举办的北京阅读马拉松，吸引了众多民众及社会组织共同参与，最大化实现了阅读推广的效果。

(1)“品阅书香 · 名家面对面”项目

“品阅书香 · 名家面对面”项目采取名家和大众读者面对面交流的活动方式，在各类阅读空间呈现优质的活动内容，实现了空间、活动、读者的紧密互动。

2018 年共征集和落实活动 100 余场次，遍布北京 16 区县，面向各年龄段和各行业读者，同时，名家名人积极参与，亮点活动层出不穷。2019 年，“品阅书香 · 名家面对面”项目共组织策划和落实活动 60 场，遍布北京 16 区县，面向各年龄段和各行业读者。在市委宣传部指导下，重点亮点活动持续推出，名家名人积极参与，使得该项目活动影响力和品牌号召力得到进一步提升。

2019 年，“品阅书香 · 名家面对面”项目活动覆盖文学、历史、社科、传统文化、儿童文学、家庭教育、生活、艺术等不同领域，话题多元，辐射人群面广。以“今夜，我与茅盾文学奖有个约会”为主导的系列名家面对面阅读推广活动，进企业、进学校、进社区，多场名家面对面活动的宣传报道见诸各主流媒体和新媒体，例如在中信书店举办的茅盾文学奖获得者作家徐则臣的活动，线上直播就有 8 万多读者观看关注。

(2)“线上读书节”活动

“线上读书节”活动通过名家晒书、大咖直播荐书等网络“晒书”、荐书活动以及线上阅读马拉松、读书挑战赛等活动丰富人们的线上阅读资源,同时推出电子书籍限免阅读、限时优惠等活动,提供优质数字内容供给。在社交、问答等平台设置阅读北京、全民阅读等相关话题引导网民广泛参与,营造网上书香氛围。

“世界读书日”期间,“书香中国·北京阅读季”联合新浪网、微博、百度、腾讯、今日头条、一点资讯、知乎、豆瓣、快手、优酷、爱奇艺、千龙网、中华网等媒体平台,启动了一场规模盛大的线上“晒书”活动,以线上话题、在线直播、主题征文、视频推荐等为主要形式,活动时间贯穿整个4月。其中,快手发起了“老铁爱书分享”短视频征集活动,邀请用户发布短视频推荐自己最喜欢的书,分享喜爱的书评、好句;今日头条文化和头条公益启动“阅读的温度”活动,邀请用户关注乡村儿童阅读,解锁百万公益金;新浪网、微博联合国家图书馆,和明星大V一起发起“荐书接力赛”,用户可以@自己的好友接受或发起挑战,向公众推荐好书,也可以加入明星阅读小组,享受阅读乐趣。

2020年上半年,以北京市大兴区为例,该区组织各类线上活动85场,参与人数达29,297人。该区聚合读者力量,发动众多诵读爱好者,开展“声”援战“疫”活动,用声音传递“抗疫”力量;开展“书香悦读智赢战疫”红包答题活动,进一步普及新型冠状病毒肺炎相关防控知识,帮助读者树立科学防控意识;举办网络诗词大赛,以及“少儿简笔画创作展示”“贝贝宅家课堂”“童书诵读会”“少儿手抄报创作展示”“课程笔记大赛”等面向小读者开展的线上专题活动。

(3)读书日、读书周、读书月、读书季等活动

北京市以“时间”为周期举办各类比赛活动,例如经典诵读比赛、知识竞赛、主题征文比赛等。北京十月文学月、中国“网络文学+”大会、北京儿童阅读周等主题阅读活动,充分发挥优秀案例的引领示范

作用。

其中大学生读书节开展了中华优秀传统文化知识、冬季奥林匹克知识、战疫知识等一系列线上直播讲座，同时还在学校、院系、社团等举办“世界读书日”读书会和社群读书活动。少年读书节也举办了一系列线上直播讲座，同时召集参与活动的学校及小读者建立阅读共享群，并在群内邀请直播活动的讲师举办讲座。

4.阅读空间

2018 年为贯彻中央《关于支持实体书店发展的指导意见》，北京市制定了《关于支持实体书店发展的实施意见》，提出要加大财政支持力度，完善财政扶持政策，支持实体书店的建设和发展。2018 年，北京实体书店扶持资金增长到 5,000 万元，扶持书店数量也增长到 150 家。《关于支持实体书店发展的实施意见》提出，到 2020 年，建设以大型书店为骨干，打造一区一书城的综合文化体验中心；以特色书店为依托，打造重点街区标志性文化品牌；以社区书店为抓手，打造 15 分钟公共阅读服务体系的发展目标。

目前“书香中国·北京阅读季”搭建起的活动平台，逐步发展成为包含公共阅读空间、大学生阅读联盟、中小学生阅读联盟、幼儿园阅读联盟在内，涵盖全北京开展阅读活动的场所，为分人群阅读奠定了坚实的基础。同时，为扶持实体书店发展，“书香中国·北京阅读季”将实体书店拓展升级为“阅读空间”，除了图书馆和书店外，电影院、商场、医院、银行、园林等场所都将跨界与阅读联结，成为百姓亲近、体验阅读的“阅读空间”。

“书香中国·北京阅读季”积极推进实体书店和阅读空间的建设，如今已经建成一大批特色“阅读空间”，如让古建筑又换新颜的砖读空间、雁翅楼24小时书店、为女性服务的雨枫书馆、电影主题的库布里克等。这些特色“阅读空间”在定位和经营上都形成了鲜明的特色，影响力已经辐射到全国。

(1)梦想书坊

梦想书坊是以公益引领、社会运营、创意驱动为主要模式的复合型公共文化众创空间。梦想书坊由中国传媒大学作为智库支持，中国传媒大学文化产业管理学院卜希霆老师发起，联合国内具有社会责任感的文化社会组织及企业，以小型复合阅读空间为起点，通过“人、空间、活动”三位一体的场景空间创意营造，打造复合型公共文化众创空间。

梦想书坊已在朝阳、顺义、东城和亦庄等地区复制了10个同类空间。其利用大数据分析了解周边居民、企业和学生的消费习惯，通过实体空间来满足他们的文化诉求。梦想书坊在不同社区有不同的主题，致力于构建15分钟文化圈，打通阅读的最后一公里。

(2)“一个书店”

“一个书店”成立于2018年8月17日，是一个由“前互联网人”运营的会员制社区书店。作为一家有着互联网基因的书店，“用户需求与导向”成为一大特色。

2020年4月1日起，“一个书店”正式启动24小时营业，也是昌平区的首家24小时书店。配合营业时间，书店上线了自主开发的刷脸门禁系统，无论多晚，会员只要在门口刷一下脸，就能进入书店。同时，书店启动外卖服务，用户在“一个书店”的小程序里选择想看的书籍，下单之后30分钟就能送到手中。

书店专注会员服务，重视社群力量。“一个书店”根据以往的借阅数据，综合选书委员会的推荐，整理出数十个主题书单，包含文学、商业、社科等领域。每周定期举办 4 场以上如读书会、放映厅、音乐现场、名家讲座、艺术欣赏、书法书画展、手工课等高质量文化活动，把“一小时书桌”“阅读马拉松”“夜读团、夜跑团”等群众性小团体活动常态化。书店还将每周日的“马拉松”例行化，变成一个线上自习室，多人投屏直播自习。同时，还设立了“读讲学堂”，邀请学员来分享自己的阅读收获，每一个人的经验都可以变成 10 分钟以内的短视频，让更多人从中受益。

(3) 角楼图书馆

作为老北京古城地标之一的左安门角楼，2017 年 10 月 28 日开始以图书馆的身份重新开张，对广大市民免费开放。角楼图书馆除了向市民提供阅览服务以外，还开展丰富的阅读文化推广活动。

角楼图书馆尝试创新运营模式，以向社会力量购买服务的方式，由文化公司承接品牌及活动运营，由第二图书馆负责管理。同时，第二图书馆党支部与运营公司党支部开展支部共建，共同学习，共同开展支部活动，形成工作合力。该图书馆围绕北京的物、北京的人、北京的事，从“阅读北京”“聆听北京”“艺术北京”“品味北京”4 大主题出发，在角楼图书馆打造了“北京会客厅”“非遗 52 日”“来角图过‘中国节’”“老外爱北京”4 项品牌活动，共举办文化名人开坛授课、角图星空电影院、“角图里有故乡”和“优秀文化我传承”等活动 280 余场，直接参与 21,000 余人次，一系列活动吸引了一批喜爱北京文化的伙伴，让读者近距离地感受和学习北京历史文化，唤起大众对北京的共同记忆。

二、深圳市——融入生活，建设阅读之城

2013年，在联合国教科文组织，教育部、北京市人民政府共同主办的创意城市北京峰会和首届国际学习型城市大会举办期间，联合国教科文组织总干事伊琳娜·博科娃向深圳市颁发了“全球全民阅读典范城市”证书，这是该组织授予全球城市关于全民阅读的最高荣誉，以表彰深圳坚持不懈地推动国际化建设和全球文化合作，尤其在推广书籍和阅读方面为全球树立了典范。深圳用实际行动践行了我国的全民阅读战略，用十几年坚持不懈的努力在推广全民阅读的舞台上赢得了世界声誉。

2018年4月13日，在第四届中国数字阅读大会上，深圳荣获“中国十大数字阅读城市”称号，并首次在我国城市数字阅读指数排行榜上位列榜首。统计数据显示，2017年深圳成年居民数字化阅读方式的接触率100%，人均电子图书阅读量达12.42本。

《深圳经济特区全民阅读促进条例》(以下简称《条例》)自2017年4月1日起正式实施，它是我国第一部以条例形式出台的关于促进全民阅读的地方性法规，进一步彰显了“阅读之城”的典范作用。《条例》的实施意义非凡，对于贯彻落实党中央、国务院“全民阅读”战略，进一步保障市民文化权利，营造书香社会，具有十分重要的作用。[①]

1.阅读推广

目前深圳有959个各类公共图书馆，2019年全年进馆读者

① 石志松.“图书馆之城”向“读城”的进化与蜕变·深圳全民阅读推广法制化建设新进展[J].河南图书馆学刊，2019(5)：2-4，7.

3,535.51万人次。其中,公共图书馆(室)673家(包括市级馆3家,区级馆9家,街道及以下基层图书馆661家),合计建筑面积38.4万平方米,阅览座席4.05万个;各类自助图书馆286台(包含城市街区自助图书馆235台,24小时书香亭51个)。深圳市公共图书馆全年进馆读者3,535.53万人次,同比增长19.69%;借还文献量2,757.67万册次,同比增长14.40%。深圳市公共图书馆年度经费总投入8.20亿元,同比增长19.92%。其中,文献购置费1.21亿元。深圳市公共图书馆全年举办各类读者活动1.76万人次,同比增长23.04%,参与读者619.23万人次,同比增长23.6%。①

2016年深圳市正式实施《深圳经济特区全民阅读促进条例》,为我国的城市阅读立法开启了先河。在良好的阅读推广影响下,深圳市拥有150多个民间阅读组织,公益阅读推广人近1,300名,活跃在城市各个角落。深圳也最早实现了"每1.5万人拥有1个社区图书馆,每10万人拥有7.2个图书馆"的目标。

近年来,深圳加强阅读主阵营,营造了文明、智慧、友好的城市环境,并让全民阅读成为增强文化软实力的有利抓手,为城市的可持续发展提供新动能。

深圳市尤为注重阅读对青少年的重要作用,设立了青少年阅读指数平台。作为指引青少年阅读的推广平台,该平台包括阅读积分榜、阅读册数榜、图书评论榜等。教师、家长通过该平台可以追踪、了解广大青少年的阅读状况,并相应地给出阅读指导。为了激发青少年的阅读热情,该平台创造性地引入证券交易中的"涨停"和"跌停"概念,通过每本书配套的阅读检测试题库检验青少年的阅读分值,阅读分值足

---

① 《深圳"图书馆之城"2019年度事业发展报告》发布[EB/OL].(2020-05-29)[2021-08-09]. https://www.chinaxwcb.com/info/563455.

够高的图书会进入“涨停”状态,并将“跌停”的图书从书目中剔除。

在企业和职工阅读方面,深圳市总工会开始举办“深圳十大书香企业”和“深圳十大读书成才职工”评选活动,在企业中营造书香氛围,在广大职工中掀起读书热潮。截至 2020 年 11 月,该评选活动已成功举办了十四届,评选出 140 家书香企业,140 名读书成才职工。

2014 年,由深圳市阅读联合会承办,采取“民间机构+高等院校+相关专家”的研究团队模式,“深圳阅读指数报告”由深圳大学传媒与文化发展研究中心具体完成。《2014 年深圳阅读指数报告》是全国首份阅读指数研究报告,建立了“深圳阅读指数”指标模型,确立了深圳全民阅读各项指标的基本参照系。“深圳阅读指数报告”每年读书月期间发布,动态反映政府在全民阅读基本建设方面的实际成效,为深圳城市公共文化服务体系建设提供量化参考。

2.阅读品牌

近年来,深圳以立法为抓手,积极推进深圳地区阅读品牌的建设,秉承“政府倡导、专家指导、社会参与、企业运作、媒体支持”的运作理念,使得深圳全民阅读品牌建设更加深入人心。深圳在全社会倡导以读书为荣、以读书为乐的价值观念,不断引领城市文化精神,提升城市居民素质,提高城市文明程度,增强城市文化实力,培育城市创意创新精神,为深圳的城市发展提供文化创造力。

“深圳读书月”是由深圳市委市政府于 2000 年创立并举办的一项大型综合性群众读书文化活动,时间为每年的 11 月 1 日至 30 日。作为由政府推动的一项公众文化节庆,“深圳读书月”已成为深圳市民的文化庆典和文化名片。“深圳读书月”活动一般由深圳市委宣传部部长担任组委会主任,调动全市的媒体及文教资源,动员全体市民参与读书月活动。每年的11月,深圳都会掀起全市范围的读书热潮,各项读书文化活动蓬勃开展,深圳成为名副其实的“读城”。

“深圳读书月”活动年度参与人次逐年上升,由首届的170多万人次上升至逾千万人次。作为由政府推动的一项公众文化节庆,“深圳读书月”已经走进千家万户,融入市民生活,成为深圳市民的文化庆典、城市的文化名片和实现市民文化权利的重要载体,影响遍及全国。

其中,深圳市围绕“深圳读书月”开展的丰富多样的品牌活动,为打造阅读品牌影响力起到了良好的助推作用。读书月系列活动当中的“高端文化品牌活动”即深圳读书论坛始创于2001年第二届“深圳读书月”,作为国内外首个以读书为号召、以专家学者演讲为形式、以促进城市文化建设和学术文化交流为目的的主题活动,深圳读书论坛名家荟萃,高手云集,王蒙、金庸、莫言、饶宗颐、谢冕、余秋雨、二月河、帕特里克·格兰威尔等国内外名家都曾登坛论道,该论坛成为深受市民喜爱的文化盛宴。

在“深圳读书月”中还举办了经典诗文朗诵会和辩论赛。众多国内著名的艺术表演家在这个舞台上用声音的力量展现中国文化,特别是传统经典文学的艺术魅力,为深圳人献上了一场又一场“声音盛宴”,助推了深圳形成浓郁的读书、思辨、求学、明理和问道的氛围,展示了深圳人的学识、气质、理想和激情。深圳读书月经典诗文朗诵会是我国目前为止坚持时间最长、影响最广泛的朗诵艺术品牌活动,在深圳乃至全国都具有相当的知名度与影响力。

2006年,深圳读书月开展首次图书漂流活动,与中国移动合作,在其30多个营业厅设立图书漂流点,上架约100本图书,并通过手机短信现场管理。该活动借鉴欧洲漂流瓶的理念,让图书在互不相识的读者之间流动起来,以图书串起读者,共同分享阅读的快乐。此后,深圳读书月图书漂流活动内容不断丰富，形式不断创新，与必胜克、深圳地铁等企业进行过合作，还曾在深圳莲花山公园漂流图书，让读者从中体验信任和分享的理念。

深圳一些中小学，像滨河中学、翠园中学等，都是校园图书漂流活动的坚定实施者，学校设置大量图书漂流点，学生自行管理，让图书在校园内流动起来。每年读书月之际，学校还会举行非常富于仪式感的图书漂流启动式，增加学生对图书的崇敬之心；开展大量读书分享活动，丰富学生的学习生活。

3.阅读活动

在开展阅读活动方面，深圳市组织、动员社会各阶层参与阅读活动，将活动策划、组织、实施、参与等各个环节向公众开放，积极吸纳各方意见，不断拓展阅读活动的深度和广度。深圳平均每天约有51场阅读文化活动在城市各个角落开展，平均每位深圳成年居民一年纸质图书和电子图书阅读量加起来超过18本。

(1)“领读者大奖”评选

“领读者大奖”作为“深圳读书月”的重点品牌项目，自创立后便与全民阅读行业共同进步，实现跨地域跨行业的交流融合，不断自我更新与成长，受到业界的广泛关注与好评。

“领读者大奖”是中国首个以表彰阅读推广人物和机构的奖项，大奖以“传媒视角、民间评价、专家意见”为特色，在全国范围内挖掘并表彰优秀的领读者、阅读组织、阅读项目、阅读空间、阅读支持者和阅读新媒体，并试图从中梳理出阅读的时代特性与生长脉络，建构起阅读世界与现实世界的关联。

(2)"我最喜爱的童书"排行榜

该排行榜是我国首个由孩子们自己当"评委"的童书排行榜,孩子们成为阅读书籍选择、评判和推广的主角。每届活动,主办方会邀请业界专家推选出若干本优秀童书,组委会筛选后选取30本,向深圳的小学推广。参与阅读的小学生可自主投票,得票最高的3本书获得童书奖,并被选入少儿阅读推广精品书目。参与该活动的学校已经逐渐从深圳扩大到周边城市乃至全国。

(3)"图书馆之夜"活动

自2013年开始,深圳市图书馆在每年4月23日的深圳未成年人读书日期间,会邀请约100个少儿读者家庭参加阅读交流活动。"图书馆之夜"活动的初衷是希望以新颖的方式让少儿感受阅读的魅力,进而爱上阅读,坚持阅读。活动项目包括欢迎晚会、童话乐园、国学课堂、艺术时光、科学实践等。参与活动的读者是6—12岁的少儿,他们与一名家长携手参加活动。

完成各项阅读活动后,少儿和家长能获得该馆赠送的图书,并在他们自己搭建的帐篷内享受惬意的帐篷亲子阅读时光。第二天早上,参加活动的少儿还要参加晨读会,并在梦想卡片上写下自己的梦想和参加活动的感受。这些梦想卡会被集中珍藏在该馆的童年记忆馆里,十年后孩子们可以重返图书馆再度开启自己的梦想锦囊。

(4)中学生模拟联合国大赛

模拟联合国活动源自美国哈佛大学,后来成为世界性的中学生活动。2001年,模拟联合国活动走入中国并迅速发展,在许多大学和高中都备受欢迎。

由深圳市教育局、读书月组委会办公室主办，深圳市教科院和仁和国际集团承办的深圳模拟联合国大赛自 2009 年创办至今，为深圳各大高校师生带来了丰富的课外实践机会，提供了一个了解世界时事、开阔眼界和促进中西方文化交流的平台，有利于提高深圳中学生的英语水平和综合素质，同时也带动了深圳城市国际化的进程。

(5)“赠书献爱心”活动

始创于首届深圳读书月的“赠书献爱心”活动是深圳读书月重要的品牌活动。该活动通过组织出版社和市民向革命老区、欠发达地区的学校、深圳青工书屋等地捐赠图书，向社会广泛传达深圳读书月营造“书香社会、关注青少年成长”的理念。该活动得到了全国多家出版社的积极响应，深圳也在全市设立了 6 个常设性的捐书点，方便市民捐赠图书。现今每年捐赠图书超过 100 万元码洋。

(6)亲子阅读论坛

亲子阅读论坛首创于 2010 年，以丰富、专业的文化活动著称，为深圳亲子家庭提供了一个良好的学习交流平台。2013 年，深圳书城中心城携手第一个国际级华文儿童图画书奖“丰子恺儿童图画书奖”举办国际性论坛，邀请了国内外华文儿童绘本界的重量级作家、教育家，以及在亲子阅读方面有相当经验和心得的组织者、家长与会交流。2014 年，亲子阅读论坛围绕“阅读与儿童心理”的主题，通过“爱阅电台”的表现形式，将绘本与儿童心理和成长特质相结合，鼓励亲子阅读顺应儿童心理发展特点，用丰富而科学的形式为孩子的童年提供有效的陪伴。

(7)“书香家庭”系列评选

“书香家庭”系列评选活动由深圳市妇联创办于 2002 年，2002 年至2008年,每年面向市民开展“十大书香家庭”评选活动。2010年,在深圳经济特区成立30周年之际,深圳市妇联牵头主办以“书香家庭、百味人生”为主题的“30年30户书香人家”评选活动,挖掘了许多家庭读书的动人故事,评选出30户书香人家。2013年,在全城开展“寻找书香门第”活动,共有15户家庭获得书香门第提名奖或优秀奖。该活动将阅读的种子播撒至千家万户,在深圳市民中产生了极大的影响。

4.阅读空间

2020年11月5日,深圳市社会科学院与社会科学文献出版社联合发布《深圳文化发展报告(2020)》。报告显示,2019年,深圳加快推动广播影视和新闻出版事业发展,全民阅读氛围更加浓厚。

《深圳文化发展报告(2020)》是由深圳市社科院组织编撰的年度性报告,由王为理主编。报告认为,“一区一书城、一街道一书吧”战略被写入《深圳市国民经济和社会发展“十三五”规划》及《深圳文化创新发展2020(实施方案)》,作为深圳市重点工作加以推进;同时深圳将书城书吧建设列为重大民生工程,纳入城市公共文化服务体系建设,全力构建全方位、多层次的公共阅读空间,从满足阅读权利开始,逐步实现市民文化权利。与此同时,以“大书城、小书吧”为代表的阅读空间也推动了全民阅读“深圳模式”的形成,加速构建“书城之城”“书吧之都”。

大书城作为构建城市公共文化生活的主阵地,报告总结分析了大书城的创新发展模式:积极履行社会责任,扎实推进全民阅读活动;加强阅读服务指引,引领公众阅读生活;加大活动创新,提供高品质的文化活动;创造多层级文化生活空间,满足市民多样性文化需求;运用

“互联网+”理念，重构阅读服务场景。

深圳市特色书吧、书栈与大书城共同构建城市的阅读空间，拓展和丰富深圳人的公共文化生活，为市民阅读提供更多的选择与便利，形成较完备的“十分钟文化圈”。在书吧运营中，以服务街道、社区文化需求为出发点，简阅书吧为居民提供优质便捷的文化服务，推广全民阅读，探索出创新的“书吧+”基层公共文化服务模式：书吧+图书馆、书吧+活动、书吧+展演。

(1)深圳书城中心城

深圳书城中心城位于广东省深圳市中心区（CBD）北中轴线上，是“深圳书城”品牌的旗舰店。以“延伸阅读、品位生活”为精神内核的深圳书城中心城店建筑面积达 8.2 万平方米，是全国乃至全亚洲最大的书城。自 2006 年开业至今，一直为深圳人提供文化阅读空间，市民们都称它为“文化家园”。

书城定期举办阅读交流会、专家讲座、主题沙龙等活动，丰富娱乐方式。其作为国内首个 AI 智慧书城，大数据分析技术、移动互联技术、虚拟现实技术等各项走在时代前沿的技术手段在这里都演化为数字阅读、智慧书城的互动体验。

书城的设计着重于空间的流动性和多样性，将文化休闲生活方式融入空间当中，致力于打造 2.0 时代文化创意生活中心，为市民们提供更完善的人性化关怀。

(2)尚书吧

“尚书吧”于 2006 年 11 月创立，位于深圳书城中心城首层南区，并与深圳书城中心城同日开业，是深圳一些书友共同策划建立的一个爱书者据点。“尚书吧”既有古籍、旧书、专题书籍的流转，也有各种专题书展、文化艺术活动,并以“独立书店”和“咖啡、茶、红酒、简餐”的组合模式为格局,举办了形式多样的文化艺术学术活动,如藏书讲座、学术演讲、收藏鉴定会、音乐欣赏、红酒品鉴会、书法培训等。不走寻常路的它虏获了一大批爱书人的心,也得到了社会的认可。目前“尚书吧”已经成长为深圳著名的文化空间,荣获“中国独立书店创新奖”“伯鸿书香奖 · 组织奖”“深圳最美小书店”等殊荣。

三、苏州市——依托优势,深耕特色阅读

作为国务院公布的第一批全国历史文化名城,苏州文化底蕴深厚,书香是苏州的城市底色之一。自推广全民阅读以来,苏州市不断发掘历代书院、藏书楼、名人读书处等阅读文化遗存的书香内涵,更好地发挥利用阅读文化资源的现实价值,让那些在历史长河中积淀下来的阅读文化珍存走近百姓、走进当代。苏州市积极开展对外阅读文化交流活动,在友好省份、友好城市、友好学校及文化年、书展等交流活动中,加强对国际优秀阅读文化成果的学习、借鉴。

从 2014 年起,苏州市开展了“网上借阅社区投递”活动。市民只要打开手机,点开“书香苏州”App,就能在家附近的服务点拿到在苏州图书馆选择的图书。苏州图书馆为了打造市民“十分钟阅读圈”,在政府机关、科研院所、企事业单位、创业园区、社区等地设置了投递服务点,结合图书馆总分馆体系,初步形成了较为广泛的公共图书馆 O2O 投递服务网络。

苏州市按照“一市一品、一地一特”品牌培育要求,结合各地经济社会发展实际,梳理本地书香文脉,策划开展具有文化底蕴和时代气息的全民阅读活动,形成了“书香苏州”品牌建设的独特格局。

1.阅读推广

苏州为推广全民阅读,营造"书香苏州"的读书氛围,建设了以各级图书馆为骨干,以家门口的农家书屋为延伸,以职工读书站为补充的全覆盖、多层次的阅读设施。根据 2019 年度江苏省居民阅读状况调查结果显示,2018 年度"苏州市全民阅读指数"为 81.18,苏州市凭借具有自身特色的全民阅读推广模式,在全国范围内起到了引领性示范作用。同时,根据 2018 全民阅读大调查城市数据分析显示,48%的苏州受访者表示,过去一年读书量在 10 本以上。83%的苏州受访者每天至少阅读半小时,其中 30%的受访者每天阅读时间在 1 小时以上。截至 2018 年,苏州图书馆共建设了 99 个网上借阅社区投递点,包括 71 个分馆投递点、27 个自助取书点和 1 个社会合作点,2017 年共投递包裹 49.5 万个,网上借书量超过 121.9 万册,接近总借阅量的四分之一。①

同时,全省居民人均每天阅读时长为 63.63 分钟,比上年增加 1.88 分钟。每天阅读时长在 1 小时以上的人口占比为 51.45%,比上年高出 1.19 个百分点。这表明全省居民阅读质量在不断提升。

2013 年第八届苏州阅读节期间,苏州在全国率先建立了《"书香苏州"建设指标体系》。此体系由 7 个一级指标、56 个二级指标、82 个三级指标构成。指标体系以各指标 2012 年实现值为基础,对 2015 年目标值和 2020 年目标值做出了具体要求。7 个一级指标分别是阅读设施、阅读资源、阅读活动、阅读服务、阅读环境、阅读成效和保障条件,涵盖了"书香苏州"建设的硬件和软件,涉及了全民阅读活动的发

---

① 阅读数据背后　一个有怎样气质的苏州[EB/OL].(2018-05-02)[2021-05-21].https://m.gmw.cn/baijia/2018-05/02/28580824.html#verision=b400967d.

起、组织、推广、参与、考核、反馈的全过程,构成了完整的体系结构,是“书香苏州”建设的主要内容。①

阅读数字平台不断发展,“云阅读”“云图书馆”“云书斋”上线运行,为市民提供更多的阅读选择。阅读细分措施不断深化,对特殊人群、特殊困难家庭、民工子女等群体开展阅读关爱服务,在全市营造浓厚的书香氛围。阅读公共服务不断优化,由苏州图书馆领衔打造的“苏州·书仓”平台提升了图书馆藏利用率及共享性,让苏州市域范围内公共图书馆在多区域间的网上借阅从理想变成现实。阅读空间组织不断拓展,各市(县)、区涌现出一批集阅读、休闲、展示为一体的新型阅读综合体。

苏州特别注重培育民间阅读推广组织,慢书房、思麦特、蝴蝶妈妈、涵舍等一大批读书会,已成为推进全民阅读的重要力量。而苏州市“优秀阅读推广组织”“优秀阅读推广活动”“优秀阅读推广人”的评选,让一批批民间阅读组织和各行各业的知识分子、杰出人物成为阅读推广的“代言人”。

2.阅读品牌

苏州近年来着力进行阅读品牌的建设,重在推动阅读向基层、社区、校园、企业、家庭延伸,增强阅读品牌的影响力。其主要通过营建学习型城市、书香型社会,丰富群众的文化生活,激发全市人民特别是青少年的阅读热情,增强人们阅读能力,提高人们的阅读品位,从而形成健康的阅读风尚,提升市民的综合素质和城市文明程度,从而实现苏州又快又好的发展,促进苏州和谐社会建设。

“苏州阅读节”是一项“政府推动、专家指导、社会支持、群众参

① 胡绍宜.政府推动“全民阅读”的对策研究:以苏州市为例[D].苏州:苏州大学,2017.

与”的大型综合性群众阅读文化活动。国家新闻出版广电总局 2016 年公布的《全民阅读“十三五”时期发展规划》中，苏州阅读节被树为全国全民阅读的“样板”活动。

苏州阅读节自 2006 年举办以来，每年都吸引了数百万新老苏州人参与，在全省乃至全国都产生了很大影响，品牌效应日益显著。一年一度的苏州阅读节通过精心策划十余项主题活动和上千个系列活动，极大地提高了市民的知晓率、参与率和社会影响力。阅读节不仅成为市民的节日，也成为苏州重要的社会文化活动和品牌阅读活动；阅读节通过对阅读设施的构建、阅读资源的汇集、阅读服务的完善以及阅读活动的开展，使“书香苏州”的建设成效颇丰。

3.阅读活动

苏州以特色活动来引领阅读，以“阅读节”为依托开展了各种不同的主题活动，发动民间力量，将越来越多的人吸引到阅读活动中，使之潜移默化地形成良好的阅读习惯。苏州还充分利用浓厚的文化底蕴，把阅读与文化融合，借助民间组织和各个阅读平台扩大阅读活动的影响范围，增加活动的参与人数。

(1)“苏州大讲堂”系列公益讲座

由苏州图书馆承办的“苏州大讲堂”系列公益讲座，依托苏州图书馆及所辖分馆，每年举办 1,000 多场涉及历史、文化、艺术、养生等各种各样内容的公益讲座，吸引了大量市民，培养出了一大批老听众，周末去听讲座已然成为苏州的一股城市新风尚。这一堂堂“苏州大讲堂”，就像一座座开放性大学，不断将市民吸引到学习殿堂，将苏州崇文尚道的品格不断传承下去。与此同时，“书香苏州”创建不能仅仅依靠政府的力量，也需要社会力量不断充实进来，实现政府主导，全民参与的良性循环。

(2)“蝴蝶妈妈”读书会

从2009年刚成立时的30多位妈妈,到如今一共有2,000多名,成员遍及苏州城乡。“蝴蝶妈妈”读书会开展一系列阅读活动,包括中英文绘本读书会、古诗词诵读会、经典国学诵读会、“阅读存折”读书积分活动、图书漂流、绘本剧演绎读书会等,还有学苏州传统手工艺、学地道苏州话等相关文化活动。

“蝴蝶妈妈”推出“阅读存折”,为同学们积累阅读财富,鼓励大家多读好书,让书陪伴成长;同时发起“少年儿童读书月”公益活动,做到月月一个主题,月月一个读书活动。“蝴蝶妈妈”还开展了读书沙龙、小小故事王、优秀作文评比、图书漂流等活动来帮助“阅读存折”的推广,通过各种活动来提高孩子们的阅读兴趣。存折上的阅读时间、感言等都会兑换成相应的积分,即“蝴蝶章”。“蝴蝶章”可有许多种方式来获得,比如每阅读半小时并写下读后感、经常参加“蝴蝶妈妈”读书会的活动、从图书馆借书阅读、向报纸杂志投稿并发表等都可以获得“蝴蝶章”。“蝴蝶妈妈”将定期汇总积分,小朋友们可以积分换奖品。

4.阅读空间

苏州大力实施文化强市战略,加快推进“书香苏州”建设,着力改善公共阅读服务,完善立体化的城乡一体的全民阅读平台,让城市阅读空间进一步得到延伸。增加各市、区的24小时图书馆,保证读者就近、随时能借阅图书。各市、区应同步建立网上借阅社区投递点,把好书送到居民家中。苏州的“农家书屋”将全部纳入公共图书馆流通体系,实现同一县级市、区范围内书籍的通借通还,图书资源的全民共享将变为现实。

苏州大力扶持实体书店，2015 年 9 月，苏州在江苏省率先出台实体书店扶持政策，制定了《苏州市优秀实体书店资助办法》，并于 2015 年、2016 年先后向 30 多家优秀实体书店、优秀特色书店发放了 140 万元扶持资金，鼓励传统书店向优秀书店、特色书店乃至 24 小时书店转型。

(1) 公益性地方书院“德善书院”

德善书院是由苏州市文明办、文广新局、教育局及苏州日报社等联合主办，苏州碑刻博物馆承办的苏州市首家公益性地方书院，也是苏州推进“书香苏州”、全民阅读的重要基地。

德善书院位于已有 960 多年历史的北宋名臣范仲淹创建的文庙府学崇圣祠内，2013 年正式对外开放至今，一直致力于向未成年人开展传统文化艺术教育活动，开办了少儿国学经典传习班、传统文化讲座、道德讲堂以及与吴文化相关的各种公益活动。三支教师团队与两支志愿者服务队伍成为德善书院的中坚力量。

(2) 民营书店“慢书房”

“慢书房”为在苏州本土兴起的具有代表性的民营书店。搭着全民阅读的顺风车，“慢书房”走上了一条极具个性的发展道路。它并不是传统意义上的书店，而更像一个聚集着爱书之人的社交场所，或是什么都有可能发生的公共空间——它代表了自主、年轻、文艺和梦想，而将这一系列元素串联起来的，正是书本。

(3) 苏州图书馆钟楼分馆

市区首家社区 24 小时图书馆——苏州图书馆钟楼分馆位于钟楼

社区,是“24 小时网上借阅社区投递点”的升级版,大大满足了周边居民的阅读需求。图书馆内有藏书近 5,000 册,市民刷市民卡就能来这里借书、看书;同时,图书馆配有职能取书柜、自助借还书机等智能设备,读者通过“书香苏州”手机 App 完成网上借阅后还可以来社区取书。社区图书馆既方便了周边居民借还书,24 小时开放的形式也让阅读“不打烊”。

(4)“四时书屋”

“四时书屋”的名字取自范成大的《四时田园杂兴》,寓意处处、时时、人人学习的雅意,契合不负韶华、奋发有为、创新奉献的精神。项目负责人介绍,“四时书屋”在形式上由 1 家书屋和 11 个智能借阅柜组成。书屋位于苏州国际教育园内,约 100 平方米,设图书借还机、报刊阅读机等设备,还设置了共享阅读空间,具体划分为阅读区、智能化多媒体区、自习区等。读者可随时在书屋内借还、阅读书籍,还可利用设备查阅所需的电子资源。11 个智能借阅柜分布在周边的学校内,24 小时开放,每一个智能借阅柜可提供 240 册图书的借阅。

四、广州市——共建共享,丰富阅读形式

广州正在建设中国特色社会主义引领型全球城市,是国际综合枢纽和商贸中心,也是历史文化名城。从 2006 年开始,广州全面启动“书香羊城”建设,经过 10 余年的努力,取得了丰硕的成果。2016 年,《广州市“书香羊城”全民阅读活动 2016—2020 年规划纲要》发布,广州市全民阅读迈上新的台阶。广州市在推广全民阅读中一直处于全国领先位置,将“全民阅读常态化”作为阅读推广的目标,探索出“阅

读+公益”的模式，动员社会各界力量积极参与到阅读活动中来。

1.阅读推广

广州编制了《广州市“图书馆之城”建设规划（2015—2020）》，力争到2020年建成“图书馆之城”，实现每8万人拥有一座公共图书馆和人均拥有3册馆藏图书的发展目标。截至2020年年底，广州市共在169个镇街范围内建立了实现通借通还并向所有公众免费开放的公共图书馆（分馆）、服务点、自助图书馆等，全市图书馆覆盖率达96.02%；1/4市民成为公共图书馆注册读者；广图连续6年基本服务指标居全国第一。广州图书馆副馆长陈深贵介绍，广州市现有实现通借通还且面向所有公众免费开放的公共图书馆（分馆）294个，包括市级图书馆2个，区级图书馆11个（馆舍18座），镇街级分馆221个，社区级分馆53个，比2019年增加48个。此外，还有面向所有公众免费开放的服务点、自助图书馆72个，面向特定群体开放的分馆、服务点、自助图书馆200个。[①]

2017年各区公共图书馆经费投入合计约1.99亿元，人均经费合计13.71元，越秀、黄埔、增城、南沙区公共图书馆经费投入超过2,000万元。为了让社区图书馆广为人知，广州市已经公布广州市公共图书馆统一标志，在各个分馆的标志牌上都能看到这个标识。未来可以将标志纳入路标路牌系统，这样市民就很容易在路上或者地图上看到附近图书馆的路牌指示。广州在2018年5月推出“送书上门”服务，读者只需在广州数字图书馆系统上选好自己想看的书并支付一定的快递费用就可以在家中收到自己想看的书。但是“送书上门”服务目前

① 广州有1/4市民已成为公共图书馆注册读者[EB/OL].(2021-04-18)[2021-09-28].https://baijiahao.baidu.com/s? id=1697404892053&wfr=spider&for=pc.

只在17个区级图书馆的黄埔、番禺、越秀和从化支持送书上门服务，而28所街道图书馆目前还没有这项服务。未来随着交通更加便利，“送书上门”服务应该覆盖广州所有街道与社区。

广州“图书馆之城”坚持“政府主导、社会参与”原则，采取文教融合、文商融合、文企融合等方式，积极与学校、园区、企业等社会机构合作办馆。社会力量参与广州地区图书馆总分馆体系建设的模式一共有四种。第一种，协议合作式。社会力量和图书馆达成合作协议，规划双方职责范围，社会力量主要提供场地、人员和管理，图书馆主要提供文献资源、电子资源以及专业性指导，双方共同参与图书馆的建设工作。第二种，政府购买式。政府通过采购专业性的社会服务机构服务的方法，通过招标方式把图书馆整体或者部分服务业务外包给专门的社会化机构运作。第三种，专业改造式。社会机构管理下的图书馆、资料室经过公共图书馆的专业化改造，纳入总分馆体系，但仍由社会组织管理运行。第四种，社会众筹式。社会力量自助运营图书馆，发起“工艺创投”“公益众筹”等活动，发动其他社会机构、民众以捐资捐物的方式参与分馆建设。

在此背景下，广州图书馆于2017年4月22日首倡建立“广州阅读联盟”（现更名为“广州公益阅读”），同年吸纳了24家民间阅读组织，共同为市民开展公益免费阅读活动。2018年3月，广州新华出版发行集团正式加入，参与“广州阅读联盟”共建。截至2018年年底，“广州阅读联盟”成员组织发展至38家，举办的活动共计787场，有超过2万人次参与。[①]

---

① 邹也静.公共图书馆凝聚社会力量推广全民阅读的项目化模式研究：以“广州公益阅读”为例[J].图书馆研究与工作，2020(6)：72-77.

2.阅读品牌

广州市根据自身优势,在全国普遍推广全民阅读之前就已经开始筹备建设自己的阅读品牌,由政府主导,以社会各界力量联合的方式增加品牌影响力,将广州市的阅读品牌向着国际化、多元化的特色发展。

由广东省委宣传部、广州市委宣传部主办,南方出版传媒股份有限公司、广东新华发行集团、广州新华出版发行集团等单位承办的"南国书香节"品牌始创于 1993 年,当时在全国引起轰动,声名远播海内外。

从 2007 年起,在政府的推动下,"南国书香节"与"羊城书展"进行资源整合,开始二展合一。2008 年,广东省委宣传部开始全面介入书香节的组织策划工作,提出了"南国书香节,阅读嘉年华"的主题,并将其作为"书香岭南"全民读书活动的重要内容来抓,统筹各方力量和资源共同参与,特别是充分调动新闻媒体的积极性,成功营造了市民爱书、读书、尚书的良好氛围,为广大市民和读者奉上了一场精彩快乐的文化盛宴,把"书香岭南"全民读书活动进一步推向高潮,获得了社会的广泛赞誉。2009 年,"南国书香节"被中宣部和新闻出版总署评为"全国全民阅读活动优秀项目"。每年举办一次"南国书香节"已经被列入《广东省建设文化强省规划纲要》,成为广东文化强省建设十项工程的重要组成部分。

近几年"南国书香节"的成功举办,得到了广东省委、省政府主要领导的高度重视,展场规模不断扩大,覆盖面和影响力遍及全省,展销内容、活动形式和参展群体呈现出多元化、多样化和国际化的特点。特别是 2011 的"南国书香节",广州琶洲会展中心主会场面积达 4.5

万平方米，参展品种30余万种，涵盖的门类包括各类国内版图书、古籍读本、电子读物、音像制品、文化用品等，上万种国外最新出版的原版外文图书，展销范围涉及图书、音像制品、电子出版物、文化体育用品、网游动漫、益智玩具、教育培训，以及工艺、邮政、教育、通信服务业等，有800多家来自国内外的出版机构和产品参展，举办的主题讲座、论坛、新书首发、作者见面会、签名售书活动等达300多场次，7天观众进场总数近80万人次，累计销售额近4,000多万元。"南国书香节"无论是从参展规模、销售额、进场人数，还是影响力、辐射力来看，都已经成为全国同类书展中规模最大、影响力最大的书展。

作为广东文化强省建设的文化品牌项目，"南国书香节"经过多年的实践和探索，目前已形成了以广大青少年为主要对象，每年在固定的时间、地点举办，以阅读为主题，以培养阅读风尚、营造书香氛围为主线，通过举办一系列的图书展销、名家讲座、岭南优秀文化展示等丰富多彩的文化活动，形成让广大市民、读者朋友在浓郁的文化氛围中受感染、受熏陶、尽情享受、尽情欢乐的办展模式和理念。发展至今，"南国书香节"已经由单一的图书交易活动，发展成为集出版成果展示、出版物展销、文化活动、信息服务交流于一体的文化盛会，成为写书人、编书人、售书人、读书人、评书人、藏书人的盛大节日，成为深受南粤大地广大群众喜爱的阅读嘉年华，成为我省全民阅读活动的广阔平台，成为广东一个重要文化品牌、一项重点文化惠民工程。

一年一度的"南国书香节"已成为广大市民热切期待和共同参与的文化盛宴。①

---

① 2021南国书香节将于8月20日开幕：线上线下结合、全省各级联动、分散同期办展[EB/OL].(2021-07-27)[2021-08-29].https://baijiahao.baidu.com/s?id=1706448533217250992&wfr=spider&for=pc.

3.阅读活动

广州市在开展各项阅读活动时,形成了由全民阅读活动组委会成员单位牵头,广泛发动全市各大实体书店、图书馆、公益阅读组织的格局,结合新时代文明实践中心、中小学校等单位,从市级机构引领到城乡基层组织响应、落实,自上而下形成市、区、街镇、村社等多维度阅读平台。

(1)"广州读书月"活动

"广州阅读月"是广州图书馆贯彻落实《广州市公共图书馆条例》,深入推进全民阅读的重要举措。该活动于每年 4 月全面铺开,并在 4 月 23 日世界读书日形成高潮,是一场以图书馆为专业支撑、多方联动合作的大型阅读推广活动。

该活动具有以下特点:第一,发布"广州阅读地图"。为整合广州公共阅读空间资源,让更多市民能够平等便利地享有文化权利,广州图书馆发布以阅读为主题的特色地图,按照公共图书馆、书店(含国营和民营)、绘本馆和广府书院四个类别,介绍全市的阅读空间。地图分为手绘纸质地图和电子地图两种,电子地图嵌入"书香羊城"全民阅读微信公众号和各成员单位的微信号。广州图书馆每年都会更新地图,并实现共建共享。第二,开设"广州读书月阅读专线"。为了扩大读书月的社会影响力,广州图书馆与广州电车公司合作,将途经图书馆的电车打造成阅读专线:车身以阅读地图为设计蓝本,内部设置成图书馆的模样,并把广州数字图书馆服务等二维码放在车内供市民扫描关注;车上同时摆放书刊供乘客体验阅读,以营造全民阅读的氛围。第三,举办"广州读书月"名家讲座。广州图书馆联合新华出版集团,邀请文化名人或当红作家举办读书心得经验分享讲座,如邀请作家止庵先生结合自己丰富的藏书,为读者讲述读书之道。第四,召开广州市

“图书馆之城”建设年度发布会。

根据《广州市公共图书馆条例》的相关规定，广州图书馆是广州地区公共图书馆的中心馆，负责全市公共图书馆业务的指导和协调。广州图书馆在每年4月23日“世界读书日”举办广州市“图书馆之城”建设年度发布会，发布《广州地区公共图书馆年报》，开展“年度好读者”“优秀志愿者”等评选表彰活动，邀请媒体及公众共同见证“图书馆之城”的建设成果。①

（2）伴读计划——残障人士无障碍阅读服务推广项目

该活动面向自闭症患儿、心智障碍患儿和视障人士，2019年开展了10场伴读活动，参与的特殊人士和伴读者有238人次。针对自闭症患儿和心智障碍患儿，项目实施方邀请普通亲子家庭与患儿家庭一起读绘本、做手工，通过同龄孩子的陪伴与互动，让患儿更好地与外界交流、适应社会生活；针对视障人士，项目实施方则特别组织了非视觉茶文化和口述影像活动，招募志愿者陪伴视障人士一起学习知识、体验文化。根据该项目实施方的反馈可以得知，自闭症、心智障碍患儿的家长和视障人士均对活动表示高度赞赏。

（3）“小樱桃阅读树”系列活动

“小樱桃阅读树”系列活动是以亲子家庭为服务对象，以培养儿童阅读兴趣、倡导亲子共读为宗旨的低幼少儿阅读系列活动，拥有中文绘本故事会、多语种绘本故事会、樱桃小手作、樱桃爸爸讲故事及“咿呀”大本营五个子活动。

“小樱桃阅读树”品牌活动满足了儿童进行早期阅读的需求，并为

① 石钰冰.全民阅读推广活动的实践和理论探索：以广州图书馆为例[J].河南图书馆学刊，2018(7)：7-9.

年轻父母实施早期教育提供了参考的蓝本。中文绘本故事会的主讲人根据不同主题的绘本故事精心设计活动内容,融入了情景剧、绘画等元素;多语种绘本故事会选取英国、美国、韩国等国家的原版绘本,由具有韩语、日语等外语专业知识背景的馆员或各国领事馆职员等担任主讲人,与儿童分享不同国家的绘本故事,体验多元文化的魅力;樱桃小手作以故事分享和小手作相结合的方式,培养儿童的动手能力;樱桃爸爸讲故事鼓励更多男性与儿童分享故事,强调父亲在儿童早期阅读活动中的重要性;“咿呀”大本营以童谣、游戏、故事和玩具分享等形式开启 3 岁以下低幼儿童的阅读启蒙教育。

4.阅读空间

(1)广州图书馆广州市儿童公园分馆

广州图书馆广州市儿童公园分馆是广州图书馆与广州市儿童公园共同打造的第一个儿童青少年主题直属分馆。它总藏书约 4 万册,其中少儿图书约 3.3 万册,每月更新图书约 1,000 册,并且拥有两台歌德电子书借阅机,预装 2,000 多种独家授权的正版图书,每月更新 100 本,与出版社纸书同步发行,读者用手机扫描,就可以免费下载阅读。据统计,2016 年 10 月 1 日开馆至 2019 年 10 月,儿童公园分馆共外借图书 60.68 万册次,其中 2018 年全年接待读者共 27.49 万人次,借书共 20.77 册次,是广州市服务效益最好的基层分馆。[①]

(2)江东书房

江东书房的书籍以人文社科为主,如教育、音乐、建筑、艺术、设计

---

① 建设“图书馆之城”,“广州模式”领先全国[EB/OL].(2019-12-08)[2020-07-09].https://www.sohu.com/a/359128200_120152148.

等,着重提升当地居民的美学素养。该书房也不同于一般的社区书房,书房的功能区分、动线设计、书架材质、地面处理、家具软装、光线运用都非常有情调,能够为读者阅读带来一种愉悦感。大部分的社区书房的营业时间和行政服务中心的营业时间保持一致,很多书房下午5点多就停止营业了,而此时大部分居民刚下班想去书房,但是书房已经停止营业,享受不到该服务,因此江东书房将营业时间设置为早晨9点到晚上10点,除春节外全年开放。

为了解决经费不足的问题,江东书房采用众筹模式打造城市书房,在文化体验感、空间体验感、服务体验感等方面都有较大提升。公益众筹是一种新型的社区图书馆运营模式,它是指个人或者非营利组织借助互联网和社交媒体向公众展示创意,赢得居民的支持,在短时间内筹集到有效资金来启动社区图书馆相关的项目。该书房的图书和百家图书、读立空间等书房的书可以通借通还。为了维持运营成本,书房还提供奶茶、咖啡等服务,以及场地租赁服务。

五、重庆市——数字融合,引领阅读创新

重庆市位于中国内陆西南部、长江上游地区,面积8.24万平方公司,辖38个区县(26区、8县、4自治县),常住人口3,102万人,城镇化率65.5%。为使全民阅读网络体系更加完善,全市建成43个公共图书馆,1,433个图书馆分馆;建成8,239个农家书屋服务点,配置图书6,000万册、报刊200万份、光碟100万张;建成1,014个综合文化站、1,962个村(社区)文化室、3,000余个文化大院(农村文化中心户)。着眼市民阅读需求新变化,重庆市利用现代技术建设新型图书馆,已投入资金5,000余万元,建成数字图书馆43个,数字资源总量达

2,027.624TB,其中,重庆图书馆数字资源容量达127.624TB。在2018亚洲书店论坛上发布的"中国城市书店数量排行榜"中,重庆市以2,473家的书店总数名列第三位。重庆市通过一系列举措构建出有品位、有格调、有个性的公共文化空间。[①]

1.阅读推广

重庆图书馆是中国大型综合性的省级公共图书馆,是重庆市主要的文献信息收集交流和服务中心,是全民阅读示范基地。重庆图书馆是重庆市公共图书馆服务体系的主体,在丰富市民精神文化生活、推动全市公共文化服务体系建设方面起着非常重要的作用。

2007年6月18日,重庆图书馆新馆开馆;2009年9月,重庆数字图书馆正式开通;2011年11月,"掌上重图·重图手机图书馆"开通;2012年4月23日,重庆图书馆"24小时自助图书馆"正式投入运行使用;2012年5月,重庆图书馆、重庆市少年儿童图书馆和主城九区图书馆实现"一卡通"和"通借通还",11台流动图书车也同时投入使用。图书流通点的建设不断扩大,服务遍及政府部门、社区、农村、企业、部队、学校等多个领域。文化资源共享工程不断深入,进一步保障了基层群众的基本文化权益,例如"你阅读我买单"馆店联合服务、"在线借阅重图到家"智慧阅读模式、"24小时"城市书房、华宇城阅读空间、运动阅读空间等。重庆图书馆立足本地得天独厚的抗战文化、革命文化、统战文化历史资源和文化载体,在红岩村、中山四路、两江国际影视城等热门旅游景点打造了红岩村社区分馆、曾家岩分馆、两江国际影视城分馆等多个特色分馆,收藏、陈列介绍红色文化、民主联盟、抗战文化等方面的图书和影像文献,供广大市民借阅查询。这些举措共

① 吴玉荣.推动全民阅读　建设书香重庆[N].重庆日报,2019-05-14(7).

同促成了重庆市公共图书馆服务体系的构建。①

小程序“重庆图书馆数字阅读平台”以近几年新书、畅销书的图文、音视频为载体,以 App、公众号等新媒体为媒介,为图书馆、作者、读者等提供集图书推荐、音频听书、公开课、新书连载、线上线下活动、视频直播、互动分享等为一体的多元化阅读服务。用户在微信内搜索“重庆图书馆数字阅读平台”小程序,便可迅速阅读电子书、听书、观看精彩视频。

2.阅读品牌

重庆市为推广全民阅读,利用互联网高速发展的契机,积极打造重庆数字阅读平台,形成了技术与内容并重的“书香重庆”阅读品牌。同时,经重庆市委、市政府批准,每年 8 月设定为“重庆读书月”,在全市广泛开展各种读书月活动,进一步推动开展全民阅读活动,营造书香重庆氛围,建设知识重庆,全面推进学习型社会建设,努力增强重庆的文化竞争力和影响力,形成了独具特色的“书香重庆”阅读品牌。

“书香重庆”是重庆读书月活动办公室和重庆市文化委员会为推动全民阅读工程发展而打造的数字化全媒体阅读平台,也是全面配合重庆读书月活动开展的公共参与网站。网站秉承重庆读书月活动“倡导全民阅读,共建书香重庆”的理念,以“全民读好书、导读天下书”为宗旨,以图书导读、书评书摘为特色,弘扬经典、传播知识,引领全市人民的阅读趋向;同时,为各类读书活动提供在线互动空间,引领全市人民全方位、全时空、多层面、多角度参与共建书香重庆。②

---

① 伍力.阅读推广之新模式探析:城市公共阅读空间:以重庆市为例[J].内蒙古科技与经济,2020(12):150-151.

② 书香重庆[EB/OL].[2021-10-01].https://baike.baidu.com/item/书香重庆/2042676?fr=aladdin.

自2008年以来,重庆市开展大规模的重庆书展活动,并先后成功举办千余项读书活动,吸引了全市数千万人的积极参与。同时,把全民阅读与创建文明单位、文明社区、文明村镇、文明家庭有机结合起来,与推进农家书屋、社区书屋以及各个阶层、各个行业的图书室等基层文化阵地建设有机结合起来,在全市营造读书氛围,打造全民阅读示范城市。

“书香重庆”主要开设了书香大全精品书库、重庆读书月、特色书屋、重庆诗歌、艺术鉴赏、文化名人等特色频道,为读者免费提供丰富的图书资源。重庆诗歌、文化名人等特色频道旨在推动本土文化发展,彰显巴渝文化魅力,网站正在努力打造成为重庆本土特色文化的展示窗口。

3.阅读活动

(1)“百本好书送你读”活动

“百本好书送你读”活动通过活动主办方从政经、历史、文学、科普、少儿、医卫等类别图书中精心挑选,还对不同版本进行择优选择。市民可通过线上、线下,选择送读图书的电子版、有声版、纸质书3种类别进行阅读。线上,主办方设置“百本好书送你读”二维码,在渝读者扫码即可进入,无须任何下载、注册及验证,免费进行送读图书电子版在线阅读和有声版在线听书;线下,新华书店等实体书店设置送读图书销售专区,并给予读者8.5折的购书优惠;市内各公共图书馆配齐配全送读图书,供广大市民免费借阅。

为保证送读图书的品质,主办方专门组建了50人左右的重庆荐书联盟,其中包括重庆市作家李元胜、精典书店创始人杨一以及多名资深媒体人、知名大中小学校长和教师、科技专家、热心读者、图书馆馆长等。荐书联盟专家根据阅读推荐主题要求,综合相关权威部门推荐的书单和知名机构发布的图书榜单、市内图书馆上月的借阅图书榜单等,从政治经济、社会科学、历史人文、科普新知识等方面,每月推荐10本送读图书。

(2)"书香润万家"家庭阅读活动

在新中国成立70周年之际,重庆市妇联联合市委宣传部、市文明办、市教委、市文化旅游委以"礼赞新中国"为主题,在全市开展2019年"书香润万家"家庭阅读活动,取得了良好的社会反响。

活动组织开展了"最美书香家庭"展评活动,评议产生了2019年重庆十大最美书香家庭、100户重庆最美书香家庭,发掘出一批热爱阅读、家风优良的书香家庭,发挥优秀家庭辐射带动作用,带领更多家庭重视阅读;开展重庆市第二届家庭诵读大赛,农民家庭、工人家庭、教师家庭、军人家庭、警察家庭等各类家庭积极参与,歌颂新中国成立70年来祖国取得的巨大成就,展示中华民族不懈奋斗、勇于开拓、昂扬向上的时代风貌,抒发对祖国的诚挚祝愿和对美好生活的向往,推动社会主义核心价值观在家庭落地生根;各级妇联组织依托妇女之家、儿童之家、图书馆、农家书屋等开展"家庭读书会"、"家庭故事会"、亲子阅读会、好书分享推荐、阅读推广展示等阅读活动3,000余场,以家庭开启阅读新境界,用阅读传递时代好家风。①

(3)阅读之星——重庆市民诵读大赛

"阅读之星——重庆市民诵读大赛"是重庆图书馆以经典文学作品为媒介,以声音为纽带,用新媒体互动推广形式举办的市民诵读比

---

① 金樽.礼赞新中国　书香润万家:记2019重庆"书香润万家"家庭阅读活动[J].新阅读,2019(10):28.

赛。重庆图书馆以官微为阵地服务此次大赛，贯穿比赛的每个环节。大赛通过线上报名、网络积赞以及搭建网络直播平台相融合的推广形式有效推进，这是重庆图书馆把传统阅读活动与新媒体平台相结合的一次创新尝试。

以 2018 年为例。自 2018 年 8 月开赛以来，“阅读之星——重庆市民诵读大赛”联动全市 38 个区县 43 家公共图书馆、98 家重庆市市级机关单位共同发力，历时 4 个多月，以重庆图书馆官方微信为初赛主要报名通道，突破时间、空间上的限制，得到全市人民的积极响应，覆盖人群年龄跨度大，进城务工者、残障人士、留守儿童、乡村教师等群体也积极参赛，在全市范围掀起了一股“阅读热”浪潮。不少市民还积极原创诵读作品，题材多样、内容丰富，以此来讴歌改革开放四十周年，弘扬时代主旋律，积极传播社会正能量。这次比赛是重庆诵读比赛中参与人数最多的一次，扩大了重庆图书馆的阅读影响力，在全市营造了“爱读书、善读书、读好书”的阅读氛围。[①]

4.阅读空间

在重庆市进行阅读空间建设的过程中，呈现出以公共图书馆建设阅读空间为主导，各式阅读空间建设齐头并进的局面。公共图书馆率先树立城市阅读空间建设的范本，让个性化、多元化、多功能的阅读空间在重庆各区形成了多维的阅读服务体系。

（1）重庆书城

重庆书城作为阅读推广的主渠道，长期以来都在阅读宣传推广中不断推陈出新，培育出了许多受读者关注和好评的图书阅读推广品牌

---

① 刘冰鑫，吴虹洁.传统阅读活动在新媒体平台的创新尝试：以重庆图书馆“阅读之星——重庆市民诵读大赛”为例[J].内蒙古科技与经济，2020(3)：126-127.

活动。2012年以来,重庆书城把体现社会效益作为经营的核心,不断加大文化公益活动、阅读推广活动的力度和深度,集思广益、推陈出新,面向广大读者开展场次更多、内容更丰富、形式更精彩的各种公益活动。

重庆书城先后打造了"少儿读乐绘"儿童阅读成长体验活动项目,开办"新华创艺沙龙"手创体验课、"积极心成长"青少年心理健康家庭公益课堂,举办"书之声·阅书评"读者书评分享会,开展"我们的故事会"少儿讲故事大赛、"我是小书迷"少儿图书推荐会、"生命礼赞阅读相伴"及"亲子共读"朗读者大赛等精彩纷呈的读书阅读推广活动;同时,还多次举办读书征文、经典诵读、国学文化知识竞答赛、汉字拼写大会等传统文化阅读推广活动。

全面开展"名家进校园"阅读活动,让阅读从青少年开始。从2011年至今,重庆书城先后邀请曹文轩、沈石溪、杨红樱等46位国内、国外顶尖专家名师来渝授课、讲座545场。主题涉及儿童文学、少儿科普、国学、书法、写作、教育培训、亲子互动、绘本讲座等,并在开展该阅读活动过程中,不断优化、完善内容和形式,2016年该活动首次实现全市覆盖,2017—2019连续三年被市委宣传部、市文旅委列入"重庆市品牌阅读活动"。①

(2)幸福书屋——24小时阅读空间

"幸福书屋——24小时阅读空间"是由各区公共图书馆牵头建设的,典型的官办民助城市阅读空间,在重庆市主城区每个区的中心区域位置成立的城市阅读空间。

---

① 朱建安.共建书香重庆 共享书香生活:重庆书城阅读推广纪实[J].新阅读,2019(10):17-19.

幸福书屋的内部空间较为丰富，采用了“大”字形布局，入口处为服务台和借阅区，从入口处由西到东、东西贯通为敞开的阅读区域和若干阅读房间，普通阅览区与休闲阅览区交叉设置；“大”字形的北部为串联起来的、被划分为五个区域的儿童活动区域和阅览室，每个阅览室都配有自助阅览器和电子阅览设备；南侧则为成人阅读区和活动空间，也划分为若干个小空间，另有一休闲阅读区域为读者提供餐饮、茶水和“慢读”服务，该休闲区居于整个阅读空间的中心位置。

幸福书屋已经成为重庆市城市阅读空间的一张名片，也是重庆市城市阅读空间建设的先行者。和渝中区的幸福书屋一样，其他主城各区的幸福书屋也都位于交通便利、人群密集的地理位置，俨然成为各区建设城市阅读空间的代表作。

(3)“火锅筷子”微型阅读仓

“火锅筷子”位于渝中区中心——解放碑附近国泰艺术中心片区，开业于2018年1月初，目前的运营商为新华传媒。“火锅筷子”位于渝中区乃至重庆市原中心区域，解放碑商圈是负有盛名的重庆必去之地，更是当地人从事娱乐休闲等消费活动的商业宝地，毗邻的日月光广场是商业区和住宅区的混合用地，内圈以住宅、公寓为主，外部以商场、购物街、写字楼为主。附近连接着新华路、邹容路、打铜街、朝天门等多条主干道，建有东水门大桥等跨江大桥，还有国泰中心、洪崖洞、来福士、世贸大厦等地标性网红站点，有临江门、较场口、小什字等多个地铁和轻轨站，流量充盈，四通八达。

该空间由公共图书馆和新华书店联合直接供书，图书的质量和更新都能得到最大限度的保证，所以该空间的服务人数最多、读者使用时间最长,同时也是选择再次使用人数最多的阅读空间。①

第二节 我国城市阅读现状分析

一座城市的经济文化发达程度,与这座城市居民对阅读的热爱程度呈现较强的正相关性。而这些城市,无一例外都是全民阅读推广较为成功的:杭州的西湖读书节、深圳读书月、南京的金陵读书月、上海读书节等在市民心中越来越具有品牌地位,也逐渐成为当地城市阅读的一张亮眼名片。

《光明日报》、腾讯公司和京东集团联合成立的"思想文化大数据实验室"自 2018 年以来连续两年在 4 月 23 日"世界读书日"发布《从阅读指数看城市气质》报告,对全国 36 个重点城市和 300 多个地级市的阅读情况进行分析,全方位、多维度地呈现了不同城市读者的阅读状况及城市气质。

2021 年 3 月,中宣部办公厅印发《关于做好 2021 年全民阅读工作的通知》(以下简称《通知》),提出了 2021 年全民阅读工作的总体要求,部署了重点工作及组织保障等措施。《通知》指出,围绕党和国家工作大局,做好 2021 年全民阅读工作,对推动书香社会建设,营造良好文化氛围,凝聚全国人民奋斗"十四五"、奋进新征程的强大精神力量具有重要意义。城市阅读的广泛开展,可以慰藉人的心灵、丰富人的文化享受、满足人的文化需求,达到保障人与人、人与社会、人与城市和谐平稳运行的效果。

在文献整理的基础上,笔者所在的团队特选取北京作为重点实地

---

① 陈欣.重庆市城市阅读空间建设研究[D].合肥:安徽大学,2020.

调研的城市。北京辖区众多，区域与区域之间的差异较大，在研究阅读互动、城乡互动方面具有较强的代表性。其城乡接合部的阅读空间发展模式可以为我国城乡互动提供参考。本章采取“城六区”和“16+1区”的通俗说法，依据经济发展水平、建区的时长、文化的建设程度等，选取城区、近郊、远郊三个地区作为重点调研和分析对象。所选辖区以及阅读空间的详细信息如表2-1。

表2-1　阅读空间的基本信息

辖区类型	城区	近郊	远郊
辖区名称	东城区	经济技术开发区 (位于大兴亦庄)	延庆区
空间名称	1.角楼图书馆 2.永外街道文体中心 3.王府井书店 4.三联书店 5.南锣书店 6.布衣书局 7.东城区第一图书馆+更读书社	1.博大大厦机关书屋 2.北汽新能源SEED空间 3.荣华街道卡尔社区24小时城市书房 4.博兴街道亦读空间 5.东尚E园特色阅读空间	1.延庆图书馆 2.芒果24小时书店 3.妫川书院
调研时间	2020.10.09	2020.10.10	2020.10.20

为了更好地探究城市阅读空间的发展现状，笔者采取实地调研的方式，将观察与座谈相结合。座谈的发言提纲主要涵盖四个部分，首先是发言者对当前所在辖区全民阅读环境进行概括，如对阅读活动开展的类型、服务的对象所取得的效果做介绍，并说明是否制定了阅读内容的选择标准，以及对所在辖区阅读活动开展情况的评价，要特别对不足之处和改进建议进行说明。其次对阅读资源进行分析，如近三年开展阅读工作的经费来源、成本等。再次，从读者行为方面，讨论如何激发本区读者的居民阅读兴趣，如何提升居民阅读水平等。最后介绍是否与其他部门或者单位进行协作，形成全民阅读的长效机制。

结合本章第一节所调查的城市阅读现状以及对北京地区实地的调研，我国城市阅读具体呈现出如下特点：

一、阅读活动遍地开花，阅读理念深入人心

目前，全民阅读已在我国遍地开花，全国所有省份、数百个城市，都纷纷设立了城市阅读节或读书活动。如“书香中国·北京阅读季”“深圳读书月”“上海读书周”“书香岭南”“书香江苏”“书香荆楚”“书香八桂”“书香天山”读书活动等。兰州读书节2005—2021年已连续成功举办17届。东莞读书节从2005年开始，截至2020年，已举办16届。东莞读书节通过市、镇活动联动，共举办各类读书活动7,000余项(其中含全市性重点活动397项)，参与群众约6,040余万人次。深圳市作为迄今唯一获得联合国教科文组织授予的“全球全民阅读典范城市”荣誉称号的城市，在推广书籍和阅读方面也做出了诸多努力。广西漓江书院以社区为中心，发起“社区阅读一百本推荐图书”活动，给各个年龄段的市民带来便利，使青少年儿童重新回归纸质阅读、沉浸式阅读。青岛即墨的“悦享即墨”全民读书活动分为“书香篇”“阅读篇”“悦美篇”三个篇章，每个篇章都策划了形式多样的读书活动，各类活动主题细化、分层设计、亮点频现，实现了全民参与、惠及全民的目标和宗旨。

实体书店是城市文化建设重要的基础设置，对营造良好的全民阅读环境具有重要的意义。以笔者参与调研的北京地区为例，有的书店为了调动读者的积极性，实行会员制，对阅读进行奖励机制。如每看一本书积2分，积分可以购书、抵扣会员续费、买文创产品等。将线上线下活动相结合，打造家和单位之间的第三空间。每周组织三到四次

活动，对周边居民和企事业单位赠送会员卡。建立公众号，用户关注公众号可以赠送一个月的会员，与周边社区形成良好互动。运用大数据，在微信小程序上收集阅读数据。

芒果24小时书店是公益性质的书店，书店的一大特色就是和政府合作，开辟了马克思读书会，党员可以来此处接受教育。书店把线下书店、线上书城、阅读空间、自习室和艺术活动交流中心融为一体。截至2020年，累计免费向公众开放近8,000个小时，累计举办各类活动120余场，累计服务2万余人次。不仅如此，书店充分利用空间，还开展了公务员、教师资格证、事业单位等培训课程。另外与中国传媒大学、中国地质大学、北京外国语大学等高校合作，开展成人学历教育。芒果24小时书店以读者为中心、全方位服务读者的阅读、学习需求，已经扩大了阅读的内涵和外延，做到了阅读的延伸服务。

三联书店延续24小时书店模式，以书量丰富为特色，定期开展线上图书销售活动，吸引读者阅读。并且专门设立了直播区域。另外开辟了一个“排行榜”区域，专门摆放最新的图书供读者取阅，目的是打造北京最新、最全的书籍选择地。南锣书店是2019年8月才开业的一家书店，特色在于珍贵的古旧书本可以供读者免费翻阅。南锣书店不仅仅提供阅读环境，也会在店中摆放许多艺术家的作品，营造一种艺术氛围。南锣书店2020年10月的文学活动有社群读书分享活动、亲子阅读、古琴曲欣赏以及“走进南锣鼓巷”等，通过不同形式的活动满足不同读者的阅读需求。布衣古书局受众为喜爱古旧书的读者，它还进一步细分读者群，目的在于培养读者对古旧书籍的鉴赏能力。

阅读品牌的打造不仅可以保障读书活动的品质，也有助于传播阅读理念。阅读品牌蕴含着持久的价值、文化和特色，能通过良好的口碑和知名度吸引更多的读者，也能通过读者的口口相传、媒体推广，扩散到更多的人群中。

左安门角楼是老北京地标性建筑之一，凭借其地理位置优势，与东城区第二图书馆联合，创办了东城区第二图书馆的分馆角楼图书馆。角楼图书馆定位“最北京”，彰显北京地域文化特色，致力于把北京的传统文化与现代文化相结合。

城市阅读以各类阅读活动为载体，在整个城市营造浓郁的阅读氛围，引导市民培养良好的阅读习惯。阅读会从部分市民的生活习惯发展成为大多数市民热衷的生活形态，阅读的理念也会更加深入人心。青岛即墨以图书馆作为承办单位，主导设计了“悦享即墨”的专用标志，把“悦享即墨”全民读书活动打造成属于全区民众的阅读盛宴，成为年度参与人数最广泛、跨度时间最长、影响最大的重要活动之一。通过一系列的读书活动将图书送到市民身边，让阅读深入人心。

二、充分挖掘阅读需求，组建阅读推广队伍

互联网时代，人们的阅读大环境发生了翻天覆地的变化。相应地，城市人群的阅读方式、阅读习惯也发生了改变，阅读的需求也逐渐变得个性化。因此，城市阅读的推广也开始相应地注重细分读者群，针对不同群体的阅读兴趣和阅读能力，提供有针对性的阅读服务。

以北京为例，为了更好地推广全民阅读，也让读者阅读到最新的书籍，王府井书店积极寻求与东城区第一图书馆的合作，举办“北京市东城区第一图书馆读者参与文献建设”活动，持“北京市公共图书馆一卡通”的读者，可在王府井书店挑选自己喜欢的书，符合借阅条件即可到王府井书店的六层——王府井图书馆办理借阅。把实体书店的新书资源与第一图书馆的馆藏优势进行联合互动，提高了公共图书馆的

资源利用率,惠及了更多的读者,激发了全民阅读的热情。王府井书店在二层设立了儿童亲子阅读区,定期开展丰富的活动。王府井书店根据不同读者的不同需求,分层分类服务,调动了读者的阅读兴趣,也很好地培养了读者的阅读习惯。

除了馆配现采,王府井书店对二楼区域进行装修,针对喜爱卡通形象的读者,开辟了一个“熟 IP 红馆”,目标客户可以是单位也可是个人,既销售卡通形象的 IP 版权也销售衍生产品。王府井书店开辟的新空间吸引了新的读者群体。开展卡通形象 IP 主题展览,不仅吸引了卡通形象的粉丝,展览上也实现了 IP 版权交易和周边产品的销售。

另外,社区居民、部队官兵、老年群体等,都已成为细分的一类读者群,城市在阅读推广中,针对不同的阅读群体会有不同的侧重。如针对青少年儿童,阅读活动与学校、幼儿园、家庭合作的方式展开,以培养阅读兴趣和提高阅读能力为重点,增强活动的趣味性。北京的赢海庄园社区主要是以青少年儿童家庭为服务对象,通过阅读季的阅读活动,提高家长和孩子对绘本阅读的兴趣,丰富亲子家庭的文化生活,增加互动。服务主要是围绕科普活动、安全知识培训。

据角楼图书馆的社区阅读组织代表卢秋萍介绍,自创立至 2020 年,已经举办了 499 场活动。就运营而言,角楼图书馆根据不同年龄层不同人的需求,把他们的需求研究到位,予以延伸。每一场活动都是在调查周围读者需求的基础上制定的,且活动有数据支撑,若报名人数不足预期的 70%,活动将会被淘汰,把全民阅读落到了生活实处。除此之外,利用社群的力量举办大量的阅读活动如读书会等,针对孩子、年轻人、老年人会开办不同的读书会。在宣传推广方面,角楼图书馆开发了多元化的传播渠道,通过微信、微博、今日头条等向不同年龄层读者推送“角楼早读”。

在社区阅读方面。延庆区的妫川书院为了培养居民的阅读习惯，挖掘阅读需求，开展图书流转进社区活动，居民把家中闲置的图书拿给志愿者做鉴定并登记后，可以任意挑选其他的图书或者获赠报纸等。

在职工阅读方面。北汽蓝谷阅读俱乐部是北京新能源汽车股份有限公司的阅读空间，企业有3,000多人，培训经理廖凯等为了让不同年龄结构的人都参与到阅读活动中，对企业的员工进行了调查和划分，根据年龄和所从事的岗位，开展不同的阅读活动。SEED空间拥有可容纳20—30人的专属学习分享区域，也是北汽设计师们头脑风暴的地方，更是北汽新能源党支部活动的重要阵地。2020年疫情期间开展了线上“一分钟讲书”活动，多种形式的讲书活动提高了职工阅读与学习的积极性，也让职工有了归属感。博大大厦职工阅读加强对图书的管理，在休息阅览区内放置图书购置建议，读者可填写喜欢的图书，管理员酌情购置。机关干部职工、各企业单位均可将个人闲置图书、企业宣传册等捐赠至博大大厦机关书屋，管理员统一收集并摆放至休息阅览区内供职工阅读。亦读空间借用现代数字技术，引用了互动性很强的家教一体机，将阅读与科技相结合，提高孩子的阅读兴趣。

城市的阅读推广注重创新，不断通过形式和内容的创新以及推广方式的创新，使传统阅读与数字化阅读相得益彰，满足不同群体的阅读需求。2019年4月，广西漓江书院开展了阅读推广人主题活动。对阅读推广人计划中的“社区阅读推广大使”授予聘书，同时在社区发出阅读倡议，让更多爱好读书者加入，成为漓江书院阅读推广人计划“社区阅读推广大使”，向公众传播全民阅读的理念。

随着全民阅读活动的开展，为了培育更多的阅读推广人才，加强阅读推广力量，天津市西青区张家窝镇四季花城社区邀请北京绘读教育讲师给社区居民开展为期 8 场的专业培训项目指导,从而整合加强推广全民阅读的人力资源,建立专业化、制度化社区阅读推广人志愿者队伍。

北京通州区图书馆开办了“书香运河”系列讲座活动,活动邀请多位文化名人,成立名家讲师团,发挥名家引领作用。与此同时,书香运河讲堂也从图书馆走进军营、社区、乡镇、机关,建立起一支素质高、热心服务的名家讲师团。2018 年举办的大运河流动书展依托“书香中国 · 北京阅读季”的优质资源,将组织流动图书车走进通州区全部 15 个街道和乡镇的社 区村镇,并邀请知名作家、阅读推广人等举办讲座,使流动人口以及行动不便的中老年人、残疾人等弱势群体也能就近方便地享受到全民阅读的成果。

“书香中国 · 北京阅读季”的“品阅书香 · 名家面对面”项目,在北京市委宣传部指导下,重点亮点活动持续推出,名家名人积极参与,使得“品阅书香 · 名家面对面”项目活动影响力和品牌号召力得到进一步提升。2019 年活动策划设计凸显“壮丽 70 年阅读新时代”主题,坚持公益、服务北京读者的宗旨,有诸多名家参与到“品阅书香 · 名家面对面”项目活动中来。如 2019 年第十届茅盾文学奖获奖作家梁晓声、徐则臣;如梁思成弟子,来自清华大学的建筑专家张克群;供职于中国外交部,担任邓小平和其他中国共产党和国家领导人的英语翻译的高志凯;儿童文学作家、阅读推广人保冬妮等。

2019 年,青岛即墨的全民读书活动启动仪式特别邀请了中央广播电视总台少儿频道节目主持人鞠萍助阵。鞠萍的到来,让读者们非常惊喜,她在现场与观众分享阅读故事,畅谈阅读心得,为“悦享即墨”献声,用名人效应带动全民阅读,为即墨这座“书香之城”营造良好的氛围。

阅读推广队伍的建设一方面专家可给予专业的阅读指导,使活动更具专业性;另一方面,也有利于形成名人效应,提高活动知名度,扩大活动影响。

三、大力发展数字阅读,塑造城市阅读特色

国家鼓励和支持促进阅读的新技术开发与应用,促进数字阅读和阅读便利化。在此政策背景下,数字化与阅读相结合,推进数字阅读工程建设"数字化"成为当前全民阅读最显著的特点和趋势。

洛阳市建成了数字公共文化平台"百姓文化洛阳云"。平台整合了文化场馆、文化活动、文化社团、文化旅游等资源,为用户提供包含阅读活动参与、图书预订、阅读志愿者招募等功能在内的"一站式"数字公共文化服务。另外,在建设城市书房时,洛阳市还将数字化建设与图书馆总分馆制建设结合起来,打造了集图书借阅与预约、图书流转、信息资源检索、信息发布、数据统计等于一体的全市一站式阅读服务数字平台,实现了全域 200 余座城市书房之间的图书流转和通借通还。

洛阳市将图书馆总分馆制建设作为全民阅读工作的重点,积极扩大公共文化服务范围,以洛阳市图书馆为中心馆,九县六区的图书馆为总馆,通过 202 个乡镇(街道)分馆将城市优质公共文化服务和文化资源延伸至基层农村和社区;同时,在各县(市、区)设置流动服务点 200 余个,充分发挥流动服务点在县域公共文化建设中的枢纽作用。2019 年,洛阳市完成了 2,736 个农家书屋的出版物补充更新和 518 个贫困村数字农家书屋的建设工作。2020 年,洛阳市升级改造了 600 个基层综合性文化服务中心图书室,并将这些图书室纳入各县(市、区)图书馆总分馆服务体系,实现了图书资源的通借通还。洛阳市通过开

展图书馆总分馆制建设，逐步构建了以洛阳市图书馆为中心馆，各县（区）图书馆为总馆，乡镇文化站（街道文化中心）为分馆，基层文化服务中心图书室为基层服务点，以及城市书房、自助图书馆、流动图书车为补充的总分馆服务体系，为阅读推广服务的顺利开展奠定了坚实的基础。

在推动全民阅读，建设“书香洛阳”工作中，洛阳市以建设“河洛书苑”城市书房为抓手，构建城市阅读矩阵。在充分考虑城市文化、城区规划、基础设施、人群分布等综合因素后，完成了全市“河洛书苑”的“八统一”，即统一书房名称、统一制作悬挂标识、统一开放时间、统一配置图书资源、统一配置自助设备、统一培训工作人员、统一服务标准、统一配置便民服务设施。截至 2020 年 9 月底，洛阳市共建成并投用的城市书房有 202 座，总建筑面积约 3.18 万平方米，藏书约 106 万册，阅览座席 9,000 余个。

2019 年“悦享即墨”全民读书活动期间，青岛市即墨区政府除利用传统的标语、展板、宣传折页等方式进行宣传外，还联合图书馆与当地媒体，策划制作关于读书的公益广告、宣传短片并在微信公众号、电视台、户外电子屏播放，同时通过主干道道旗、公交车体广告、户外灯箱广告等形式增加宣传的覆盖面，强化市民认知，不断提高全民读书活动的影响力和辐射力。除此之外，主办方还将印有活动 Logo 的帆布袋、雨伞、笔记本、书签等创意产品作为活动奖品发放，增加市民好感度，最大限度地吸引社会各界和广大群众的积极参与。在活动的启动仪式、颁奖典礼等活动各阶段，大众网、凤凰网、网易新闻等新闻网站运用通讯、新闻图片、专题报道等方式，宣传阅读盛会，推动“悦享即墨”全民读书活动的影响力、辐射面、美誉度日益增强。

“悦享即墨”全民读书活动期间，50 余个组委会成员单位一方面全力配合，组织专人落实各项工作，同时结合自身实际，广泛开展读书活动；另一方面充分挖掘社会力量的参与，共同推进各项活动顺利开展，如樊登读书会、约读书房、共读书房、葛巾读书会、悠贝绘本馆等众多的阅读组织开展常规性读书活动。

据新华社报道，坐落在青岛的"青岛书房"由老别墅改建而成。随着旅游旺季的到来，青岛多处书店成为读者和游客"打卡"的新选择。这些书店均围绕"城市阅读"这一核心，注重读者的文化体验与互动，同时涵盖文创、艺术空间等。浓郁的文艺气息使之成为岛城文化旅游的新地标。[①] 新华书店邯郸市店坚持以书为媒，不断为延展实体书店的文化和品牌价值，提升读者良好的阅读体验而努力，通过升级改造、特色网点建设、积极进驻商业综合体等举措，努力构建城市阅读矩阵。在邯郸市区，邯郸书城、复兴路门店、滏东新华·小橘灯绘本馆、啡页书咖美乐城店等一批环境优美、功能齐全、特色突出、业态多元的文化新空间应运而生，书店以城市历史文化为依托，融合现代设计以及图书、休闲、娱乐等功能，刷新了读者对传统书店的认知。

---

① 青岛书店："城市阅读"打造文化地标(2)[EB/OL].(2019-06-25)[2020-11-18].https://baijiahao.baidu.com/s?id=1637353630380479501&wfr=spider&for=pc.

第三章

我国乡村阅读现状研究

第一节　我国典型地区乡村阅读现状

乡村阅读是区别于城市阅读的，以政府主导社会力量广泛参与的，以服务乡镇及以下居住、生活的居民阅读和获取知识的阅读状态。为服务乡村居民阅读，满足乡村居民获取知识需求，政府投入大量人力物力，在阅读环境、阅读资源方面做了大量的建设，通过资金投入、出台相关政策、扩大媒体的宣传力度来营造良好的阅读环境。

从我国城乡阅读发展现状看，我国城乡阅读水平差异仍然较为明显。由中国新闻出版研究院2019年4月16日发布的第十六次全国国民阅读调查数据显示，我国城乡居民不同介质阅读率和阅读量差异明显，尤其在传统的纸质书报刊阅读方面，城乡差别大，城乡阅读鸿沟明显。目前城乡居民在图书阅读率、阅读媒介接触率等方面存在明显差异。如图3-1所示，2020年，我国城镇居民的图书阅读率为68.3%，高于2019年的67.9%；农村居民的图书阅读率为49.9%，高于2019年的49.8%。尽管2020年的城乡阅读率相比2019年有所提高，但城乡之间的差距依旧存在且差距明显。

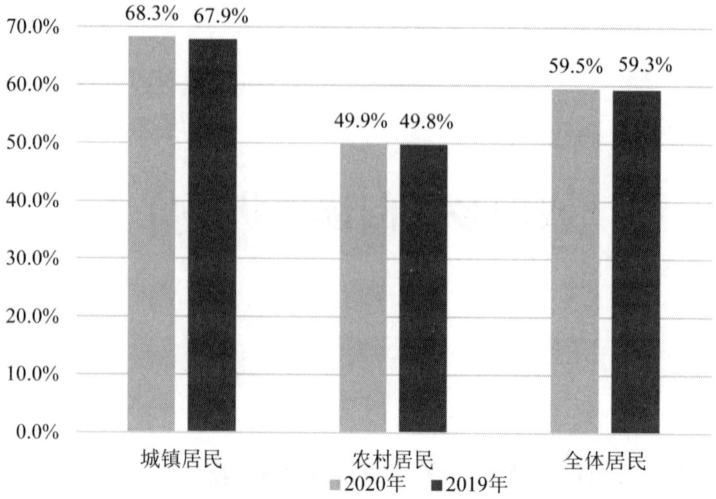

图 3-1 2020 年我国城乡阅读率对比

为了弥补城乡之间出现的“阅读鸿沟”，贯彻乡村振兴战略，加强农村文化建设并丰富农民的精神文化需求，国家以农家书屋为乡村阅读推广的主阵地，围绕农民阅读实际情况开展了一系列阅读推广活动。如 2007 年 3 月 5 日，温家宝同志代表国务院在十届全国人大五次会议上所作的《政府工作报告》中正式提出突出抓好农家书屋工程。农家书屋工程被写进《政府工作报告》，标志着解决农民买书难、借书难、看书难的问题，惠及 9 亿多农民的农家书屋工程成为国家重点文化工程。此后，农家书屋工程迅速在全国广大农村全面展开。

2019 年中宣部等十部门联合印发《农家书屋深化改革创新 提升服务效能实施方案》鼓励农家书屋的数字化改造升级。截至 2019 年年底，全国各地的 58.7 万家农家书屋累计配送图书超过 12 亿册，进行数字化建设或改造的农家书屋达 12.5 万家，提供近百万种数字阅读资源。[①] 解决了数亿农民看书难、读报难的困境，为保障农民文化权益提供了重要的平台和支撑。

同时，由中宣部、农业农村部、国家乡村振兴局联合主办的全国性农民阅读文化活动“新时代乡村阅读季”的开展，成为推动乡村文化振兴的重要抓手，一系列的阅读活动营造了良好的阅读环境，满足了村民的阅读需求，引领农村阅读风尚，也使阅读资源得到广泛利用。

考虑到农村经济发展较落后的现实状况，图书、报纸、期刊以及数字阅读资源等主要由政府以及社会各界捐赠。为了更好地满足乡村居民的阅读需求，调查乡村读者的阅读行为，各省提升农家书屋管理员的门槛，部分地区设立管理员持证上岗制度，管理员需通过考试方可上岗工作。另外，管理员登记村民借阅需求，对于村民想读但书屋缺失的图书进行登记，定期汇报至农家书屋管理办公室。这种做法增加了乡村居民选书的自主性，提升了村民的阅读兴趣。

以下我们选取 4 家农家书屋作为典型案例，以点代面，反映我国农村阅读的现状。

一、石羊塘镇高桥农家书屋

2017 年，攸县石羊塘镇谭家垅高桥农家书屋收获了一份全国大奖，它被国家新闻出版广电总局授予“全国示范农家书屋”称号，全国获此殊荣的共有 521 个。攸县石羊塘镇谭家垅高桥农家书屋是株洲市唯一获此称号的单位。

---

① 党的十八大以来公共文化服务建设持续提档升级[N].人民日报，2021-02-15(2).

近几年来，随着农民生活水平的不断改善，广大群众开始有丰富的精神文化追求。石羊塘镇夏昭炎与夫人杨莲金退休后，回到家乡创办了农家书屋。这一农家书屋现有图书7,000余册，吸引了附近3个乡8个村的村民来借书，6年多来共借阅7,000余人次。为满足群众对文化的需求，方便更多的村民看书、借书，高桥农家书屋开始尝试“下蛋”模式，创办了界市、南田、陈家场、荷叶塘、杏塘5个分借阅点，一举下了个“五黄蛋”。

与此同时，夏昭炎还利用农家书屋，办起了少儿假期学校，以农家书屋为中心开展集体活动，如成语大赛、汉字大赛、才艺展示等寓教于乐的活动。此外，还为留守中老年人开设了保健、健身及时事政治、政策法律、家风家教等课程。

如今，高桥农家书屋有图书室、阅览室、教室、文化活动室5间，在露天晒谷坪安装了健身器材和篮球架，门窗和老旧课桌油漆一新，共耗资24万余元。村民们每天都来晒谷坪做保健操、打太极拳、练健身气功、跳广场舞，欢声笑语，风雨无阻；孩子们每到周末、节假日都来书屋看书听课，喜笑颜开，乐在其中。

二、上海市金山区亭林镇亭西村农家书屋栖静书院

上海市金山区有127个行政村，目前村村都有农家书屋，亭西村之前也有一个，主要面向村里的老人。2017年，听说村民有更多的阅读需求，村企结对单位金山驾校将驾校后院的一幢原本准备用作办公的小楼捐出，同时出资打造书院外两公里长的樱花大道；金山园林工程公司负责设计建造书院周边独特的园林景观；金山区图书馆、上海少儿图书馆和复旦大学出版社等单位或捐赠或更新，为书院提供充足

的图书资源。

多方合力之下,2018 年 1 月,栖静书院落成,围绕书院,还有一个占地 50 亩的樱花主题公园,清净幽丽,景色宜人。从此,这所独具乡村风情的书院成为村民喜爱的阅读休憩的新场所。与之前的农家书屋相比,栖静书院在软硬件上都有所升级,其中的关键就是服务理念的更新。

书院积极引导村民自治,每季度通过微信公众号向村民征集新书并进行分类编码,方便村民借阅,让书籍在村域范围“活起来”。同时,书院也突破传统农家书屋借阅手续复杂、使用方式单一等桎梏,配备了电子图书借阅机,开通无线网络,方便村民自主借阅。书屋每月定期更新电子书、大众期刊、报纸、讲座等内容。活动区放置了点播式电视机,周末定期播放益智节目、健康讲座等。数字化的栖静书院真正成为广大村民的“文化粮仓”和“智慧加油站”。

书院日常管理由 3 支志愿者服务队负责:党员志愿者每天值班,确保书院全年开放;家长志愿者每次活动结束后协助场地整理、打扫;高中生志愿者每个双休日和寒暑假到书院参与实践,按照排班表值班,进行整理书籍、维持秩序等工作。村委会还不断挖掘乡贤资源,邀请亭西村村民、上海市金盾艺术团原团长黄纪清,金山区硬笔书法协会会长闻毅敏等,共同参与指导亭西村少年儿童在书院开展活动。

栖静书院抓住精准需求,主打青少年阅读。无论是书目还是活动安排都贴近孩子们的兴趣。栖静书院每个暑假都会开设 11 门公益课程,内容涵盖手工类、艺术类、运动类等各个方面,帮助亭西村青少年培养良好的兴趣爱好。书院定期开展高中生志愿者与亭西村青少年“共读一本书”活动,交流阅读心得。每周末、寒暑假开放自习,并由志愿者们答疑解惑;针对年纪更小的儿童,志愿者和家长会在亲子阅读区陪同阅读，培养孩子们的阅读兴趣。

从2017年开始，书院已形成两个深受村民喜爱的品牌活动。“聆听中成长”系列讲座邀请各行各业的专家，如上海市“四有”好教师丁向阳、金山区检察院检察官黄敏妤等，开展10余场丰富多彩的活动，惠及家长孩子共400多人。“行走中成长”系列考察会在寒暑假期间展开，书院组织村里的孩子前往上海交通大学感受书香文脉，到中国商飞上海飞机制造有限公司等结对单位让青少年开阔眼界。

通过吸引年轻人，栖静书院实现了农家书屋的升级转型。目前，以家庭为单位，亭西村的家庭几乎都加入了同一个微信群，微信群里不断推送书院组织的文化活动，农家书屋成为村民美好生活的公共文化空间。

书院举办的“清明诗歌诵，亭西书香情”——亭西村清明草地诗会暨读书节活动，通过小手牵大手，让村民在感受传统文化的同时，增进亲情、培植友谊；书院开设“家风家训”主题讲座，让村民共同参与讨论并展示具有自家特色的家规家训。

亭西村党总支部也在栖静书院设有“党群服务点”，每月将一系列服务资源清单张贴在书院宣传栏内供党员、村民选择，村民们因此更愿意加入志愿者队伍。在2019年年初的环境综合整治工作中，栖静党群服务点党员志愿者向全村发起“种绿计划”志愿倡议书，共吸引近百名志愿者参与沿河村民宅前屋后环境美化，多个河道在群策群力中披上了绿装。

三、绍兴柯桥区齐贤街道光明居委会文化礼堂光明农家书屋

绍兴柯桥区齐贤街道光明居委会文化礼堂是“浙江省五星级文化

礼堂”,是一所集学教、礼仪、娱乐于一体的综合性文化礼堂。《人民日报》、中央广播电视总台等媒体先后来到光明居文化礼堂,采访农家书屋建设运行情况。

作为省级农家书屋,光明农家书屋占地面积 100 多平方米,有一楼的敞开式书吧和二楼的悠静书屋,书橱、电视、空调等设施一应俱全,书屋内共有图书 10,000 多册,按照政经类、生活类、文化类、少儿类、综合类等不同类别管理,统一编号粘贴标签,上架分类,实现了农家书屋的科学管理。在倡导阅读的同时,光明农家书屋还积极开展各种活动、举办各类培训。不仅是“春泥计划”主阵地,还是居“光大渊明”景区游客中心活动地和文化礼堂文化体验活动主阵地。

农家书屋紧跟新时代发展要求,在如今新媒体、大数据背景下,向电子书阅读、数字书屋方向发展,目前全部纳入柯桥区统一编码系统;安装区业务系统,凭借全市一卡通便可通借通还。

近年来,光明农家书屋结合光明居“光大渊明”和文化礼堂“情满萧绍,田园光明邀您来”两大主题,积极开展各项活动:如“渊明”诗歌节、读书节;光明“书香家庭”评比;优秀家风家训宣讲;农技养殖培育技能培训,育婴师、婚姻家庭心理咨询师培训;拼布艺术和面点、插花培训;“我与田园诗人跨时空对话”渊明文化主题宣讲比赛;国学拜师年轻干部培养“薪火计划”2.0 启动仪式;绍兴市“传承红色基因争做新时代好少年”主题教育活动暨“红领巾点亮美丽绍兴”研学游启动仪式;柯桥区“成教服务社会”现场展示等活动……

四、重庆西彭镇长石村农家书屋

作为重庆市首批农家书屋改革试点的西彭镇长石村农家书屋,在区委宣传部牵头统揽，区教委、区农业农村委、区文化旅游委具体指导下，长石村"学习强国"数字农家书屋把"学习强国"学习平台海量化、多样化学习资源融入实体农家书屋建设，推动党的创新理论、科技科普、中小学慕课（微课）、优秀电影、信息咨询、新型传播终端"六进"农家书屋，得到了村民们的好评。

长石村农家书屋面积约 70 平方米，藏书 3，000 余册，可以同时满足 30 余人阅读。此外，长石村办公区域内实现了 Wi-Fi 覆盖，并配备大型会议室，可采用投屏的形式将"学习强国"上的内容提供给村民学习。

西彭镇相关负责人介绍，长石村盛产生姜，该村通过线上农家书屋，定期向村民提供农技直播、点播等服务，及时向村民传达适用信息和知识，提高村民的种植技能，激发村民种植其他作物的兴趣。

2020 年，长石村农家书屋开展了"书香润心灵 · 雅言启人生"主题阅读活动、"我的书屋 · 我的梦"主题征文活动，其中，辖区内西彭二中同学踊跃参与，通过初选，将有两篇征文报送九龙坡区参赛。

针对农村青少年，长石村利用新时代文明实践站，以志愿者服务的形式开展"农家书屋四点半课堂"活动，孩子们放学后可到长石村会议室观看学习强国推送的科普短片、电影等，这一活动为农村少年儿童搭建起了网络智慧课堂，助力农村少年儿童成长。长石村还利用"学习强国"中的免费电影资源，暑期为学生放映电影，利用农闲时节为村民放映电影，利用党员大会为党员放映电影，丰富群众的业余生活。

长石村农家书屋在九龙坡区首家引入新华书店农村发行网点试运行，进一步丰富了书屋图书内容及种类，弥补了以往在配送图书数量和种类上的缺陷问题。在发行网点，村民可以借书买书。村民凭借书证"点单"选到自己喜欢的书，从网点借阅归还。该书由农家书屋买单,直接进入农家书屋书库,供群众免费借阅。

为激励村民们阅读,长石村农家书屋制定了奖励措施,评选出每月的阅读“进步之星”和“学习之星”。

长石村农家书屋结合“百本好书送你读”“百姓点单”“绿书签”等活动开展广泛宣传,利用展板、海报、宣传资料等向村民推送好书、好电影、好技能,同时结合新时代文明实践站“文明实践在西彭”小程序推送“学习强国”优秀读物。目前长石村村民的“学习强国”App 利用率达到 50%,活跃率保持在 90%以上。主动学习、相互讨论、组队观影、学习农技等“强国”活动成为长石村人的生活常态,长石村人的文化水平逐步提升,文明风气日渐浓厚。

第二节　我国乡村阅读现状访谈
——以 5 个省 10 家农家书屋为例

为服务乡村阅读,满足乡村居民获取知识的目的,政府投入了大量人力物力,在阅读环境、阅读资源等方面做了大量的建设,通过资金投入、出台相关政策、扩大媒体的宣传力度等来营造良好的阅读氛围。农家书屋作为全民阅读在乡村的主阵地,真正地下沉到了乡村之中,因此农家书屋是了解我国乡村阅读现状的最合适的研究对象。本次调查所选书屋是优秀示范点,笔者依据所在地经济发展水平、地域分布、书屋类型等条件,从我国的东部、中部、西部选取分布在山东、甘肃、湖南、天津、江西等地的 10 位“全国示范农家书屋”管理员进行电话访谈。访谈采取结构化的形式,访谈的时间 25—40 分钟不等。所选书屋的详细信息如表 3-1。

表 3-1 农家书屋基本信息

所属区域	省份	所在地址	设立时间	书屋类型	藏书量	配套数字设施	设立资金来源	访谈时间
东部地区	天津市	宝坻区霍各庄镇东霍各庄村	2016 年	农家书屋	2,000 册左右	电脑	行政村出资	2020.10.07
	天津市	西青区李七庄街王兰庄村	2005 年	农家书屋	35,000 册	电脑、电子阅读机、电子书	行政村出资	2020.10.07
	山东省	潍坊市高密宝德书院	2013 年	书院	18,000 多册	电子借阅、放映设备	个人筹建	2020.10.05
中部地区	湖南省	株洲市石羊塘镇谭家垅村	2011 年	农家书屋	65,000 册	电脑、电子产品	个人筹建	2020.10.05
	湖南省	株洲市鹿原镇湖田村	2012 年	农家书屋	不详	电脑	行政村出资	2020.10.06
	江西省	九江市德安县彭山林场	2010 年	农家书屋	3,000 册	电脑	行政村出资	2020.10.06
	江西省	抚州市戴坊镇中心村	2012 年	农家书屋	1,789 本	无	行政村出资	2020.10.07
西部地区	甘肃省	白银市新庄镇新庄村	2017 年	书院	3,000 册左右	无	个人筹建	2020.10.06
	甘肃省	白银市郭城驿镇红堡子村	2014 年	文化大院	150,000 册	无	个人筹建	2020.10.06
	甘肃省	张掖市甘浚镇速展村	2009 年	农家书屋	2,600 册左右	电子阅览器	行政村出资	2020.10.06

为了更好地探究农村书屋的发展现状,笔者采取结构化访谈的方式,但也适时追问。访谈问题主要涵盖三个部分,首先是被访者所在农家书屋的大致情况,如农家书屋的设立时间、资金来源、配备设施、藏书量、图书的补充更新方式、补充更新图书的种类、数量情况、读者的借阅记录、开展的活动等。这一部分可以使研究者对农家书屋的发

展现状有一个基本的了解。其次是农家书屋在经营中遇到的困难、自身的不足以及未来发展的建议。最后着重访问农家书屋在经营过程中是否与城市阅读做互动,如何将城市阅读与农村阅读联系起来实现共同发展。这为本研究中的策略分析做了有机铺垫。

经过对 10 家农村书屋管理员的访谈发现,目前农家书屋在政府、社会组织和个人共同建设下,基础设施建设已经相当完善,也有相当的知名度。

我国是一个农业大国,农村人口占我国总人口比重较大。农村人口的阅读状况,不仅关系到全民阅读推广的成效,而且关系到我国农村经济和社会的发展。农家书屋的建设,极大地促进了公共图书馆服务体系在乡村的延伸和发展,使得县域环境下县、乡、村三级公共图书馆服务体系的框架初步搭建,可以说农家书屋就是打通"最后一公里",实现城乡一体化、文化均等服务的落脚点。

2020 年 10 月,中央宣传部印发《关于促进全民阅读工作的意见》,明确了"到 2025 年,通过大力推动全民阅读工作,基本形成覆盖城乡的全民阅读推广服务体系"的工作目标。

近年来,全民阅读为乡村振兴注入了新的文化活力,广大农民群众的阅读意识、文化素养和致富能力都有较大程度的提升。但我们也要清晰地看到,不少农村地区的全民阅读工作并未从根本上予以落实,其实际效果仍然不甚理想。作为乡村重要的文化机构,农家书屋是乡村文化振兴的中坚力量,更多地承担着智力开发重任,充当乡村文化集散中心的作用。在分析乡村阅读的现状时,很难绕开农家书屋,其在促进乡村产业发展转型、提高乡村居民综合素质、传承乡村优秀传统文化等方面的作用是不可忽视的。

一、基本调动读者兴趣，深度需求未被满足

全民阅读战略一呼百应，作为阅读推广重要组成部分的图书馆、文化馆、博物馆、文化服务中心紧随潮流，不断扩展服务领域，创新探索，取得了一定的效果。农家书屋是一项惠及广大农民群众的民心工程，最大受益者是农民。访谈中发现，各个书屋都根据农家书屋管理办公室的要求登记，通过纸质或电子的方式登记村民的借阅信息。较为先进的已经搭建数字农家书屋管理平台，通过平台随时随地查看农家书屋的阅读情况。“平台就可以实现借书、还书、信息录入、会员管理等功能。”

但一些地方政府却忽视了农民的主体地位，未能充分关注到农民的公民身份和作用，农民的主体作用并未体现出来，导致农民群众在农家书屋管理层面主体参与意识不强。村民会主动去农家书屋看书，但是读书和借书的频次并不是很高，所能借到的图书种类相对单一。究其原因，一是因为多数村民文化程度不高，男性村民忙于挣钱，女性村民忙于家务等，既没有读书的习惯，也没有阅读的时间。二是即使有的村民有一定的阅读能力和阅读偏好，却由于阅读资源欠缺，难以满足其阅读需求。如除了大众类图书，乡民对本地的县志和本地史话、传说、家谱之类比较小众的书也有需求，但是这类图书出版得较少甚至没有机会出版，市场上难以购买得到，因此，各地村民的深度需求未被满足。

同时，农家书屋“自上而下”“一刀切”的供给方式使农家书屋在藏书目录选择上缺乏一定的自主权，书籍多以上级部门统一配发为主，存在资源配置不接地气、供需错位现象，忽略或者淡化了农民实际的文化需求，有些地方农家书屋中的部分图书农民看不懂，没有依据当地民情有针对性地调整图书结构，不能匹配不同地区农民的差异

化和多样化需求,造成资源的浪费与闲置,难以调动农民群众深度阅读的兴趣和参与的热情。

在借阅种类方面,乡村年长居民对农业科技类的图书感兴趣,如种植类、养殖类等;青年人对小说类和发家致富类的图书借阅较多;妇女多借阅生活类;村里的学童借阅率相对较高,但是由于学业繁忙,多借阅的是作文、教辅一类的书。在借阅频次方面,“农忙时候少一点,放假的时候就多一点,平时看的时候还可以,就是借的比较少。看的比借的多一点。”

另外,在访谈中发现,在被问及如何调查读者的阅读需求时,有两位农家书屋管理员认为书屋的书都能满足读者的阅读需求,大多数农家书屋管理员没有进行过有针对性、定期的调查。“没有专门的人去调查。”只有两位农家书屋管理员主动询问过读者的需求,但并没有上升到规章制度层面。其他的农家书屋多是通过读者的反映来记录下读者的需求。如“周末去书院跟他们交流”。也有通过借阅的方式来进行调查,“有些借阅的书,我们没有的,把它记下来,然后我们就开始购进一些。”也有的凭借自己的经验来选书,“我和我媳妇都是人民教师,我们也知道孩子们应该读什么书、学校里倡导读什么书,我们会及时为孩子们更新。”

10 家农家书屋中,只有 1 家会用一个月作为文化周,统计村民的阅读需求。购书前,会主动与读者及时沟通,根据读者的需求采办。“会拿出来一个月作为王兰庄的文化周。我们会把文化口的需求去统计一遍。书屋每年采购的书,都会跟读者及时沟通,根据他们的需求进行采办。电子阅读机,隔一段时间里面的图书会自动更新,更新的都是目前最新的图书。”但还是没有做到定期去对周围村民的阅读需求进行全面调查。由于阅读调查具有难度,一些书屋也没有时间、精力专门进行调查,“我们都是教师,孩子的需求我们了解得比较多。村民的需求就是通过家长来了解,我们也有我们的局限性,教师不可能把社会所有群体的需求都了解到。因为村委在我们这儿也打造了他们的服务基地,我们这边会通过村党支部、村居委会来进行了解,但是这方面确实不是我们的强项。”

村民的阅读需求得不到全面满足会消减其阅读兴趣;不进行阅读行为的调查,村民也会缺少主动表明自己阅读需求的意识,日复一日,只会形成恶性循环,如表 3-2 所示。

表 3-2 村民阅读需求的满足情况

受访者	想要的书都有吗?村民想借的书都能借到吗?需求能被满足吗?
1.江西省九江市德安县彭山林场农家书屋管理员宋某某	那不见得一定都有。当初有两个人来说要那个高中一类的、学校一类的就没有。把书名写下来了。一般就是小孩子看的书。小孩子借不到,也没到这边反映,直接到县城买了。村民看书的还好。
2.江西省抚州市戴坊镇中心村农家书屋管理员杨某某	能。主要是年轻人他现在手机上很多东西看得到,不爱读书。一般都是学生比较多,学生要巩固巩固知识呀。老年人眼睛看不见,也不爱读。主要是放假的时候,学生借的比较多一点。
3.甘肃省白银市新庄镇新庄村旭琎书院李某	一个是“留守家园”,一个是“记住乡愁”,一个是“安放灵魂”,还有一个就是关于休闲方面的书,另外一个怎么样来培养人们去传承我们的中国传统文化。他们看上了(书架上的)什么,就借什么。当然还有个别问的,那就是学问比较高,然后有想法、有理想、有目的性的这种,那当然还是有的。
4.甘肃省白银市郭城驿镇红堡子村王家文化大院王某某	个别还是满足不了,还是得不断地更新(图书)呀,不断地购买(图书)才能满足。现有的,我们现在基本上达到 15 万册的杂志、图书,还有一些画册,还有一些别的,反正还是满足不了,还是有需求。
5.甘肃省张掖市甘浚镇速展村农家书屋管理员陈某某	有那个《平凡的世界》,找了好大一圈就没找见,但是我不知道这个是属于哪个种类,有些人就喜欢看这种书。还有一些其他的,我们这里面儿也没有。
6.湖南省株洲市石羊塘镇谭家垅村农家书屋管理员张某某	一般来借书的都可以借到,各方面都有。
7.天津市宝坻区霍各庄镇东霍各庄村农家书屋管理员邵某某	你比如说现在孩子们的阅读量肯定是够的,不管是课外书还是作文书咱们都有。但对于老人来说,他总是觉得自己的视野不是特别开阔,所以咱们把报纸也放在了农家书屋里。

续表

受访者	想要的书都有吗？村民想借的书都能借到吗？需求能被满足吗？
8.天津市西青区李七庄街王兰庄村农家书屋管理员孙某某	我们图书管理员每天的工作职责就是除了每天管理好图书馆的室内室外，还有就是和读者沟通，把每天来看书的读者的需求了解到位。一般来的都是村里人，大家乡里乡亲都认识，所以我们在聊天的过程中就能了解他们的需求。
9.山东省潍坊市高密宝德书院管理员李某某	第一是我们现在图书当中有好多孩子们读过的或者不太常读的书，我们可以有针对性地配套到其他农家书屋中去。第二是图书换新，社会爱心人士的捐赠，农家书屋每年会对我们进行调研，我们就告诉他们缺什么图书，(他们)都会随时更新。主管农家书屋的部门，包括文化宣传部门，如文明办等，都会为我们订一些图书，定期更新。我和我媳妇都是人民教师，我们知道孩子们应该读什么书、学校里倡导读什么书，我们会及时为孩子们更新。
10.湖南省株洲市鹿园镇胡田村农家书屋管理员唐某某	能的。

二、注重阅读资源补充，数字阅读资源不足

丰富的阅读资源不仅可以提高村民的阅读兴趣，也有利于改善阅读环境，开展阅读推广活动。丰富的阅读资源可以很好地满足村民的阅读需求，提高村民的知识水平。各个书屋基本按照农家书屋管理办公室的规定配备一定数目的阅读资源。农家书屋的阅读资源补充渠道相对丰富。

农家书屋工程自 2005 年开始试点、2007 年全面推开以来，全国共建成农家书屋 58.7 万家、数字农家书屋 12.5 万家，累计配送图书超过 12 亿册，农民人均图书拥有量从 2005 年前的 0.13 册增加到 2020 年的 2.17册，增长近 20 倍。经过 10 多年的建设，农家书屋实现了所有行政村全覆盖，一定程度上解决了农村群众借书难、看书难的问题。2020 年年初，新冠肺炎疫情发生后，各地充分利用农家书屋的数字化平台

和融媒体渠道，宣传防疫知识，参与网格管理，开展农业技能线上公益培训，积极组织农家书屋管理员“送书上门”“送技到田”，助力复工复产和脱贫攻坚。农家书屋作为党中央、国务院实施的五大公共文化惠民工程之一，已成为农村公共文化服务体系建设的重要平台、新时代舆论宣传与阅读推广的“前沿阵地”。

近年来，随着国家对基层公共文化服务设施的不断投入，很多新型的电子产品、数码产品都走上了乡村舞台。农家书屋还可以将整合的数字资源，通过自己的微信公众平台，直接推送到农民手中，利用这些数字手段来提升农村公共文化服务水平。

政府注重对农家书屋阅读资源的配送，如县文管局定期配送图书，社会各界也会积极捐赠图书。社会捐赠图书有些可以做到按需捐赠。“我们要求小孩子的书多一些，这些爱心人士就多捐一些小孩子的书。”书目更新的时间基本上是一年两次，更新的数目也在千册左右。除此之外，也有社会人士不定期捐赠图书。“政府提供一些图书，有时候一两年给我们送一些。省上的图书馆、一些大单位的图书室，如果有退下来的图书、杂志也会捐赠（给我们）。非常需要的我们就自己投资购进。”“我们大多数的图书采购，都是由村里（负责），我们村里每年都有精神文明建设经费，有一部分（用于）图书馆，有一万到两万块钱的经费去购买图书。我们跟天津市图书馆有一个流动书屋合作项目，他们每年会给我们流动一批新的图书。再有就是我们区图书馆配备的图书。”

从新华书店的访谈中得知，农家书屋场所建设基本完成，空间使用基本合理，相关管理部门定期配送图书，类型相对丰富。“有少儿的、成人的，还有科技的、人文的。”“类型有点多，有政治类的、经济类的，还有未分类的。文学（比如小说）里面涉及少儿的有几种，它不是一次只来一种。”“小说、散文,还有一些史书,以及一些农家技术方面的书,种类比较齐。”“区图书馆在每年三四月份向全区所有农家书屋发放图书。市里是每年过完年更新一次,时间不一样。我们自己补充300—500册,区里给我们补充500—700册,市里补充的是1,000册。一般文学类、医学类、历史类这三类书比较多。现在儿童读物不是特别多,因为孩子们的读书要求特别高,基本上根据形势走。还有一些党史的内容,2,000册左右。我们村东头就是一个中学——霍各庄中学,幼儿园、小学也都在我们书屋周边。定期还会有老师赠送图书。我们和检察院及司法局也会有对接,他们会送相应的书,但时间说不准,一般是一个季度来一次。检察院的工作人员也会对孩子们进行一些普法教育,讲一些未成年人犯罪的案例,并给孩子们送相关的书。”农家书屋也有实现图书区域流通的案例,有的农家书屋采取了“两个办法”:第一,把本村读过的书或者不太常读的书“有针对性地配套到其他农家书屋中去”;第二,图书换新,“社会爱心人士的捐赠,农家书屋每年会对我们进行调研,我们就告诉他们缺什么图书,(他们)都会随时更新。主管农家书屋的部门,包括文化宣传部门,如文明办等,都会为我们订一些图书,定期更新。”

在农村,“互联网+”的应用也比比皆是,如为乡村配置的歌德电子借阅机,直接把一个小小图书馆搬到了农民的家门口,农民只需要轻轻一扫,就可以借阅到图书,方便又快捷,而且内容时时有更新,解决了农民借书难的问题。

笔者发现,10家农家书屋示范点配备的数字设备数量参差不齐,有3家未配备数字产品,“数字化我们都做得比较欠缺,因为连电脑都没有。”3家只配备了电脑。数字设备相当简陋,数字阅读资源严重贫乏。农家书屋阅读资源情况如表3-3所示。

表 3-3 农家书屋阅读资源情况和不足之处

受访者	本村的农家书屋建设还有哪些不足?	藏书量(册)	配套数字设施
1.江西省九江市德安县彭山林场农家书屋管理员宋某某	那个房子,墙边漏水。现在要想翻新,也没那么多钱去搞。	3,000册	电脑
2.江西省抚州市戴坊镇中心村农家书屋管理员杨某某	我想把那个书屋(里的书)全部输入到电脑里面存档分类。	1,789册	无
3.甘肃省白银市新庄镇新庄村旭琎书院李某某	跟缺乏资金有关系,另外,没配电子阅读设备。系统管理软件这一块儿如果能跟上全国形势的话就好了。	将近3,000册	无
4.甘肃省白银市郭城驿镇红堡子村王家文化大院王某某	我们对农家书屋的管理需要电子化,这方面我们还是比较欠缺的。数字化我们做得比较欠缺,因为都没有电脑嘛。	150,000册	无
5.甘肃省张掖市甘浚镇速展村农家书屋管理员陈某某	书屋里面的东西不是很全,书有点少。	2,600多	电子阅览器
6.湖南省株洲市石羊塘镇谭家垅村农家书屋管理员张某某	书籍范围要广一点,吸引孩子们过来就好了。	不详	电脑
7.天津市宝坻区霍各庄镇东霍各庄村农家书屋管理员邵某某	我们这个书屋之前利用率不高,装修也很简单,房子很老了,四面透风,下雨时还漏雨。	2,000册左右	电脑
8.天津市西青区李七庄街王兰庄村农家书屋管理员孙某某	目前来看,管理人员不是特别专业。我们也在找机会让图书管理员出去学习一下,图书管理员都由我们村自己的村民担任,可能对一些专业的问题不太了解。	35,000册	电脑、电子阅读机、电子书
9.山东省潍坊市高密宝德书院管理员李某某	所有的困难都是在我们的能力上,我们也在不断地提升。其他也没有太大的困难,包括资金上。因为我们的主管部门已经把这个平台打造得非常完善了,也不需要太大的投入,包括人员上,很多志愿者都主动进行义务支教。我就想着踏踏实实地在乡村把这个事做好。	18,000多册	电子借阅、放映设备
10.湖南省株洲市鹿园镇胡田村农家书屋管理员唐某某	我觉得还好吧。目前没有什么问题。	65,000册	电脑、电子产品

三、政策落实情况良好，阅读活动普及度低

通过调研得知，当地村委会以及相关负责部门落实了相关阅读扶持政策，积极投入专项资金参与相关的阅读推广活动，基本按照农家书屋管理办公室的要求更新图书等，为乡村阅读提供了一个良好的环境。然而在访谈中可知，大部分农家书屋阅读活动主要面向中小学生，农民的参与度相对较低；多是在农家书屋开展读书会、补习班、演讲比赛、征文比赛、画画比赛等。如甘肃省白银市新庄镇新庄村旭琎书院，"当地也有初级中学和中心小学，我们就是他们的校外教育基地。有时候老师领孩子们来看看我收藏的书画什么的。还有，（书院）会请一些名人去（给学生）讲课。"活动并未能充分推广和惠及每一位农民，因此农民对农家书屋的认知度也较低。当然 10 家访谈书屋的管理员也有认识到这一点并进行改善的，甘肃省白银市郭城驿镇红堡子村王家文化大院王某某："我们农家书屋现在是做了个'农家书屋+'。第一，在农业科技方面，只看图书不能满足农民的需求，那么我们就和我们省农科院呀、农大呀的一些专家取得联系，然后让他们来给予我们指导。第二，在我们农家书屋再挂一个牌——农业科学基地，或者农业转化基地，这样农民在这里既能看书又能学技术，比如种植、养殖等技术，满足了农民读者的实际需求。"

天津市霍各庄镇东霍各庄村农家书屋管理员邵某某要求书屋每年必须开展一些活动："我们这儿活动比较多，比如说在寒暑假的时候举办各种夏令营；会为孩子们配备课外书、练习册等；每周都会讲红色故事等。疫情期间，图书馆没有对外开放，所以举办了直接送书上门、漂流图书等活动。平常的时候来农家书屋次数最多的是 1—9 年级的

孩子,因为这里每个月会有一个月考活动,例如今天是一年级孩子的比赛,比赛后有相应的奖品给他们,给孩子一些鼓励。我们也会组织老年人下象棋、打扑克,因为有的老年人图安静,也就愿意在图书馆这里待着,所以我们会定期地组织'牌'忧解难、'棋'乐无穷这两个活动。不定期的活动也很多,比如说现在提倡光盘行动,我们就会组织孩子们在一次性的空盘上挂宣传画,等等。"

一些村民因年龄较大、视力和听力不好等,很难参与到阅读活动中去,也导致了活动参与度较低。另外,农家书屋服务比较单一,大部分没有开展经典的、普及度高的阅读活动。有的农家书屋由村干部兼职管理,导致其难以把重心完全放在活动推广上。调查还发现,超过半数的农家书屋管理员缺少专业培训,部分农家书屋无法保证开放时间,村民借阅不便。长此以往,村民借阅兴趣降低,读者越来越少。除此之外,城乡之间的阅读互动活动开展较少,访谈中发现,除了缺少资金支持外,也缺少政策环境以及村民的心理软环境建设。有受访者认为城乡之间没有互动必要,"把自己的事做好就行了"。农家书屋阅读互动开展情况如表 3-4 所示。

表 3-4 农家书屋阅读互动开展情况

受访者	城乡有没有进行互动,如果没有,全民阅读互动的困难在哪里?
1.江西省九江市德安县彭山林场农家书屋管理员宋某某	到城里去交流去看书的比较少,怎么说总觉得有点不安全,这条路有好多车子。带着小孩子平时去也不方便,到城里去看书肯定不现实,平常(小孩子)要上学是吧,还要写作业,也没时间去城里看书。把自己的事做好就行了。
2.江西省抚州市戴坊镇中心村农家书屋管理员杨某某	条件不一样,没他们好。要引起重视的话要沟通,互相沟通的话,肯定需要政府支持。
3.甘肃省白银市新庄镇新庄村旭琎书院李某	乡下的学生也到不了城里,一个是乡下的孩子没钱,还有一个是安全问题,这都是困难。

续表

受访者	有没有进行互动，如果没有，全民阅读互动的困难在哪里？
4.甘肃省白银市郭城驿镇红堡子村王家文化大院王某某	甘肃的那些财经大学，我们甘肃的大学的图书馆啊，都联系得紧密一些，比如说上半年杂志看完，到下半年对他们来说就已经下架了，就没啥用了，我们就把那些杂志拉到我们这儿，还可以再看一看啊。他们有时候下来给我们指导，指导我们图书的分类，不是怎么提高阅读率；有时候我们也去到他们的图书馆去参观，去学习学习。村民参加这个叫演讲吧，到城里去参加演讲比赛。
5.甘肃省张掖市甘浚镇速展村农家书屋管理员陈某某	一个是组织起来比较不好组织。还有呢，要花些经费，经费要让所有家长都同意；还有一个是我们也要有时间，因为我不只是一个农家书屋管理员，我还是妇联的负责人和新时代文明实践站的负责人。
6.湖南省株洲市石羊塘镇谭家垅村农家书屋管理员张某某	我们县城的图书馆就老在我们这里开展什么读书会、知识比赛、抢答赛这些活动。一般放暑假的时候，都是免费的。然后就是这个那个大学的学生在我们这里做义工。没去过城里。我觉得村里吧，读书看书的地方什么都很好，书籍也多呀。
7.天津市宝坻区霍各庄镇东霍各庄村农家书屋管理员邵某某	我们跟区里的志愿服务队有合作，但是跟市里的还暂时没有。跟区里的志愿服务队有共建活动。
8.天津市西青区李七庄街王兰庄村农家书屋管理员孙某某	我们和城市里互动的比较少，但是像和学校，比如大学啊中小学之类的互动比较多，还有和聋哑学校等都有共建活动。因为这个馆建在村里，有些人不到村里来的情况下不太了解我们有图书馆，即便知道我们有图书馆，他们也觉得和社区图书馆差不多，但是只有亲自来看一下才会发现不一样。他们没来过他们不知道，我们一直和很多学校都有各种活动。
9.山东省潍坊市高密宝德书院管理员李某某	就现在来看，我们遇到最大的困难就是自己的能力有限，自己还有待提高。比如自身的素质，怎样更好地推广阅读，我和我们的志愿者也是在不断学习、不断提高。一个人的能力总是有限的，社会对我们的期望很高，我们现在获得了 8 项国家级荣誉，我们天天在努力，但是还是觉得自己的能力不够。
10.湖南省株洲市鹿园镇胡田村农家书屋管理员唐某某	现在我们每个村基本上都有自己的活动，基本上都在自己村里看书，和城市的结合很少。但是他们借书要办借书证嘛，他们可以在我胡田村借书，在县城还书。

第四章

我国城乡阅读的差异与存在问题分析

第一节 我国城乡阅读差异分析

一、乡村阅读认知偏低,城市阅读需求较高

城市中注重落实阅读扶持政策,阅读指导机构建立相对完善,阅读推广项目和活动众多。城市居民文化程度普遍较高,阅读需求大,阅读活动参与程度较高。城市阅读空间环境良好且注重打造特色。我们以北京市东城区为例,如东尚 E 员特色阅读空间注重员工休闲阅读,注重阅读的隐秘性。赢海社区注重阅读的舒适性和区内互动性。在疫情期间,为了满足读者的阅读需求,永外街道文体中心在大厅增加了消毒柜,给书籍消毒让读者放心阅读。另外,永外街道文体中心充分利用顶层的空间,把低矮的隔层装修成儿童阅读空间,并做了彩色的墙绘,让儿童如同置身于大自然之中。为了保证儿童的安全,文体中心特意在有边角的地方都做了包边。把被动服务变成主动服务,读者的阅读需求促进了阅读环境的发展。

农村缺少与城市互动的心理环境。在访谈中发现,当被问及城乡

互动的困难在哪里，如何进行城乡互动时，受访者认为，城市的各方面资源丰富，没有与农村互动的必要。农村阅读中，阅读活动单一，缺少丰富多彩的、根据不同人群特点量身定制的阅读活动。村民由于农忙或者身体原因，不愿意过多参加阅读活动，缺少阅读动机，更无法形成良好的阅读习惯。参与阅读活动的主体多是上学的儿童。互联网的发展导致的信息过量，也会造成“孩子现在玩手机多一点，不怎么看书了”的现象。另外，观念落后导致农村文化资源建设规划滞后，文化资源供给严重不足，进而造成村民获取知识、信息的方式和途径非常有限。

二、乡村阅读资源欠缺，城市阅读资源富余

与城市阅读空间相比，农家书屋的图书阅读资源总量不足且图书更新速度较慢。图书的时效性和针对性不强，不能满足村民的阅读需求和解决生产生活的难题。例如，快手的传播使部分村民对如何做直播很感兴趣，但是农家书屋缺少和此相关的图书。农家书屋的图书除了政府配送外，还有社会捐赠的部分，捐赠类图书的可读性和质量难以得到保证且内容同质化严重，跟不上时代发展和知识更新的步伐，也不能与村民的阅读需求和阅读能力相匹配。另外，数字资源可以使阅读更普及，对于乡村一些年长且视力下降的老人，可以采取听书的方式普及阅读。然而，一些乡村由于网络覆盖率低和资金限制等原因，缺少数字阅览室、数字阅读终端，数字阅读资源缺失严重。

有管理员反映书屋翻新的资金不足，也有自费建立公益书屋的管理员表示难以支付运营费用。由于资金的短缺，相较于城市，乡村阅读场所基础设施更为单一，部分农家书屋缺少空调、电脑以及多媒体

阅读设备等,农村的公共阅读空间设施有待完善。相较于乡村,城市公共阅读空间资源则较为富余。城市的阅读公共服务设施建设完善。各种阅读场所、阅读推广基地建设完备,公共阅读空间规划和使用情况良好,公共图书馆、农家书屋、职工书屋、学校阅览室等类型丰富。经开区赢海庄园社区存在的问题,一是书籍的补充不足,希望可以定期统一配发新的书籍。二是下架的旧书作为社区固定资产,按照相关规定不可以随意处置,造成大量的旧书堆积。城市中出版社、书店林立,出版资源丰富;城市居民购书便利,阅读便利,阅读资源丰富,但是存在图书阅读资源在更替中因相关政策不能流通到其他有需要的地区,如乡村等,而导致阅读资源的堆积和浪费,占用了大量的空间和人力现象。昂贵的物流费用,也使旧书资源的远距离捐赠难以实现。

三、被动式的乡村阅读,个性化的城市阅读

由于农家书屋能够借阅的图书多来自政府配备、社会捐赠,未根据各村的实际情况,未在充分调查乡村居民的阅读需求之上进行配备,因此村民缺少对阅读资源的自主选择,也未形成自主选择图书的意识。另外在阅读活动层面,由于缺少阅读指导,多采用普适性的阅读活动,例如,主题阅读活动、征文比赛等,未在充分调查村民需求的基础上举办相适应的活动。相对于城市,乡村阅读普遍缺少个性化的定制阅读。

相较于乡村,城市更注重读者阅读的个性化,有意识地分类、分层开展活动,如博大大厦职工阅读对图书的管理是,管理员每季度进行一次图书清点及整理,对照购置单查找缺失图书并做好登记。每年6月份和10月份进行图书更新,每个区域更新30%的图书。城乡居民

的阅读，特别是社区阅读，要注重根据社区的人群特点提供不同的阅读服务。如亲子阅读，或者在孩子参加社区的阅读活动时，为等候的家长提供一个专门的阅读空间。一些职工阅读社区可以根据职工的年龄、专业背景和工作种类，定制不同的活动来提高职工的阅读兴趣。城市阅读的推广主体更注重把阅读看作一种服务，愿意不停地挖掘读者的阅读需求，注重读者阅读服务的个性化。

更读书社在北京市东城区采用了“图书馆+”的模式，从服务出发，与街道、园区、银行大厦等合作，根据不同的年龄做不同的服务。如联系国际友人书屋做活动，第一步是了解不同国家的文化，如邀请埃塞俄比亚大使馆的人员，让他讲解咖啡文化。读者还可以去大使馆参加相关阅读活动。更读书社下一步计划做出国深度游，也计划做儿童习惯养成系列，让孩子在活动中形成好的习惯。

面向成人的活动有“以书会友”和作家见面交流会，开展深度阅读服务，读者由作家带入书中场景做深度阅读，在场景中感受作家写作的心境。给会员提供持续的服务，如疫情期间的心理类的活动。同时，从音频、视频两方面入手，开展更多项目，比如音频方面，与播音员主持人合作，制作有声书，视频则以短片的形式讲书。

第二节 开展城乡阅读过程中存在的问题

一、城乡阅读推广的服务设施差距大，互动不足

城市经济发达，阅读推广的发展水平高，设施与服务都比较健全。发达地区的城市除了拥有国家与政府的经济支持外，还能获得当地政

府的资金补贴用来发展阅读推广事业。例如,北京市为解决实体书店在新冠肺炎疫情期间的困难,于 2020 年 2 月 26 日发布《应对新冠病毒疫情开展实体书店扶持项目征集工作的通知》,把对实体书店扶持的重点放在房租补贴上,并适当扩大补贴覆盖面,帮助书店减缓现金流的压力,从而获得调整发展的时间。城市中的阅读空间丰富多样,不仅有图书馆、实体书店等满足居民的阅读需求,而且拓展创新,以各种类型的特色城市书房作为补充,创造多层级的文化生活空间,打造“15 分钟文化圈”,让居民在家门口就能享受到便捷的阅读服务。此外,城市阅读空间基础设施建设完备,阅读环境优雅静谧,数字阅读设备配备齐全,自助借还机、电子阅读器和多媒体影音等数字化设备应有尽有,24 小时开放的智能图书馆、书吧等也能满足人们随时随地的阅读需求。

乡村经济发展水平较差,阅读基础设施也并不完善,村镇一级一般仅设有一个基层图书馆或者农家书屋,几乎没有实体书店等其他阅读空间作为补充。在访谈中发现,在问及“本村的农家书屋建设还有哪些不足”时,农家书屋房子老化、漏水且无资金修缮都是不足之处。当地政府也并没有足够的资金来支持农家书屋的基础设施建设。虽然农家书屋中图书资源比较丰富,但是数字阅读设备的发展相对滞后,大部分农家书屋缺少电脑、影音等数字设备。城市图书馆基本已经建立了信息一体化的数字平台,实现了图书、读者等信息的电子化管理,而乡村在这方面是比较欠缺的。阅读环境的简陋、管理服务方面的欠缺使乡村阅读设施的利用率下降,且不利于阅读推广活动的展开。此外,城乡之间的阅读互动较少,组织方面程序繁杂、经费不足和村民农务忙没有时间都是互动较少展开的主要原因。

二、城乡阅读需求存在差异

由于城乡居民的居住环境、教育水平和生活条件有差别，因此城乡居民的阅读水平和需求也存在很大不同。城市居民生活环境优越，对于阅读有各种不同的需求。城市阅读活动不仅类型丰富，频次也较高，可以满足居民的个性化需求。北京市建立的阅读品牌“书香中国·北京阅读季”以“政府引导、业界支持、社会参与、群众受益”推广体系为基础，年均阅读活动落地 30,000 多场次。其每年都在明确主题定位的基础上，结合阅读推广重点人群，详细策划每一项活动的时间、地点、主题和举办单位，既有常规性活动，又有结合年度特点适当调整和增加的项目。其中“品阅书香·名家面对面”项目活动覆盖文学、历史、社科、传统文化、家庭教育、生活、艺术等不同领域，话题多元，辐射人群面十分广阔。这种阅读推广和阅读活动的开展培养了城市居民的阅读兴趣，增加了他们对阅读推广服务的认同感。同时，城市居民基于阅读兴趣与认同感的培育，也会更加重视阅读，培养阅读习惯，从而参加更多的阅读活动，形成良性循环。

相对于城市而言，乡村地区居民的阅读需求比较贫乏且参差不齐，这是农民阅读和乡村阅读活动开展的阻力。农村现实的文化模式主要是由衣食住行等日常消费活动、日常交往活动和日常观念活动构成的日常生活世界。这种日常的生活方式和观念也深刻影响了农民的阅读意识和行为。一方面，农民文化水平普遍不高，没有持续接受阅读教育，在识读文字和理解文章时感到十分困难，这阻碍了农民阅读。另一方面，农民还未普遍形成良好的阅读习惯，缺少自己的阅读兴趣和阅读需求，甚至忽视阅读、排斥阅读。而且，由于日常繁重的体力劳动等因素的影响，农民也并没有多少精力来阅读，在休息时间，他们更愿意打牌、喝酒、串门聊天、看电视或者玩手机。调研中发现，“东西不是很全，书有点少”“书籍的范围不够广”等回答，反映出在阅读资源上也存在问题。对于一些有阅读需求的乡村居民来说，乡村阅读资源不够丰富，农家书屋的图书资料不能普遍满足他们的阅读需求。

第五章

国外城乡阅读发展现状与启示

2017 年 1 月 18 日，国家主席习近平在瑞士日内瓦万国宫出席“共商共筑人类命运共同体”高级别会议，并发表题为《共同构建人类命运共同体》的主旨演讲，演讲中提到建设人类命运共同体要坚持交流互鉴，建设一个开放包容的世界。“和羹之美，在于合异”，人类文明多样性是世界的基本特征，也是人类进步的源泉。世界上有 200 多个国家和地区、2500 多个民族、多种宗教。不同历史和国情，不同民族和习俗，孕育了不同文明，使世界更加丰富多彩。文明没有高下、优劣之分，只有特色、地域之别。文明差异不应该成为世界冲突的根源，而应该成为人类文明进步的动力。[①] 而阅读尤其是全民阅读乃至全球阅读就是让不同文明取长补短、共同进步的重要途径，阅读可以极大促进文明交流互鉴从而推动人类社会进步并维护世界和平，更好地推动人类命运共同体的构建。

在 2013 年，全国政协委员、国家新闻出版总署副署长邬书林在“两会”期间提交了把全民阅读上升为国家战略的提案，并在提案中指出世界主要发达国家都将国民阅读能力视为国家综合实力的核心要素之一。阅读能力是一个人联想力、创造力、感受力、理解力和记忆力

① 习近平.共同构建人类命运共同体[J].求是，2021(1)：4-8.

的综合体现,阅读作为获取知识、增长智慧的重要方式,阅读能力的高低直接影响着个人乃至国家知识水平的强弱,也影响着个体与社会对不同文明的理解与接纳程度。深入推进全民阅读,对加强社会主义精神文明建设、促进社会进步、构建人类命运共同体具有重要意义。

国际上对这个问题早有共识,国际阅读协会(International Reading Association,IRA)曾在报告中指出,阅读能力的高低直接影响到一个国家和民族的未来,世界上许多国家早在20世纪就开始重视培养国民的阅读能力和读写能力,尝试各种办法推进城乡阅读与全民阅读的发展。

根据第十八次全国国民阅读调查显示,2020年我国成年国民包括书报刊和数字出版物在内的各种媒介的综合阅读率为81.3%,人均纸质图书阅读量为4.70本,人均电子书阅读量为3.29本,较2019年均有提升。[①] 我国人均阅读量与以色列、美国、日本等发达国家相比还有很大差距。这些高阅读量国家的阅读推广策略与培养国民阅读能力的方法值得我们分析与借鉴,通过研究国外主要发达国家和发展中国家的阅读现状与成功经验,可以为我国全民阅读与城乡阅读提供可借鉴的推广路径与发展启示。

第一节　国外全民阅读与城乡阅读发展概况

从20世纪50年代开始,国际上已经开始重视对阅读行为的研究与培养。1972年,联合国教科文组织发出"走向阅读社会"的号召,建

① 第18次全国国民阅读调查显示:成年国民综合阅读率达81.3%[EB/OL].(2021-04-23)[2021-04-29].http://www.gov.cn/xinwen/2021-04/23/content_5601693.htm.

议各国政府重视阅读，从政府的层面大力推进国民阅读。1995 年，国际出版商协会提出设立“世界读书日”的建议，后经商议，每年的 4 月 23 日定为“世界图书日”，宣传推广读书活动。当前，世界许多主要发达国家都将国民阅读的推广作为国家治理的重要因素。1997 年，联合国教科文组织第一届国际全民阅读委员会召开会议，发起“全民阅读”（Reading for All）项目，许多国家和地区纷纷响应，制定各种政策，采取各种措施，动员全社会加以促进。

在阅读活动方面。“全民阅读”起源于“阅读起跑线”项目，该项目是世界上第一个专为学龄前儿童提供阅读指导服务的全球性计划。目前，参加该计划的国家包括：英国、德国、日本、韩国、泰国、澳大利亚、美国、智利、意大利、墨西哥、波兰、南非和印度等。[①] 英国政府通过国家公共图书馆给地方（社区）图书馆提供发展基金，支持其举办一些文学作品的推广活动。1998 年英国政府推出“阅读年”概念，旨在动员学校、家庭、图书馆、企业、媒体，共同推动阅读运动。英国政府拨款购书、培训教师，也定期针对民间阅读推广组织提供经费支持。2000 年起开启的一项针对儿童的长期“夏季阅读挑战”活动，90%的英国图书馆和 BBC 等多家主流媒体参与其中。2006 年，英国开始组织“快阅读”活动，重点关注了学龄前儿童、青少年、偏远地区人群等特殊群体的阅读推广。“苏格兰图书周”由苏格兰书局经营，每年 11 月在苏格兰的每个社区举行为期一周的书籍和阅读庆祝活动。为了激发市民的阅读热情，2006 年，一场全奥最大的阅读运动“相约图书馆”（Austria Reads. Meeting-Point Library）在奥地利图书馆协会的组织下发起。荷兰公共图书馆与荷兰出版社联合创立了“基础阅读”基金和

① 陈慰.德国全民阅读推广研究[J].图书馆理论与实践,2016(3):17-22,56.

“阅读的艺术”活动。德国推出“阅读起航——为了德国的阅读创意”活动,2012 年启动实施“阅读起点——阅读的 3 个里程碑”项目,旨在推动青少年的阅读。美国公共图书馆开展“出生即阅读”(Born to Read),旨在为读写能力弱、低收入的父母提供新生儿阅读资源及培训等多项服务。[①] 西雅图公共图书馆华盛顿图书中心主任南希・珀尔(Nancy Pearl)发起了“如果全西雅图人阅读同一本书”(If All Seattle Read the Same Book)的活动,该活动成为美国“一城一书”阅读活动的开端。以“Read to Me”“Word on the Street”“ABC Life Literacy”等为代表的阅读推广项目推动了加拿大国民阅读向前发展,让加拿大成为世界上为数不多的“国民阅读之国”。[②]

在机构设立方面。俄罗斯成立“全俄书籍爱好者志愿协会”。1955 年美国成立了国际性的阅读研究组织——国际阅读协会。到目前为止,它在全世界拥有超过 35 万名会员。美国于 1975 年成立全国阅读活动中心,全美 50 个州几乎都设立了各自州的图书中心,并建立了当地的作家资料档案。一些大学图书馆为农村社区的儿童和成人开发学习工具包和软件包,供村民使用和学习。印度政府通过开设夜校和成人教育系统,开展了一项重大计划,以提高识字率并培养该国民众的阅读习惯。

在立法方面。美国的阅读推广通过法律得以确认。美国 1975 年通过《残疾人教育法》,保障残障儿童受教育和享受阅读的权利。在乡村阅读推广上,美国政府也相当重视。1998 年,美国出台主要是针对高度贫困地区的《阅读卓越法》,将阅读教育纳入法制化轨道。2002

① 黄耀东.美国公共图书馆的婴幼儿早期阅读推广:对 Born to Read 项目的考察[J].图书馆论坛,2018(1):92-99.

② 阎婷婷.加拿大全民阅读推广项目考察分析[J].图书馆建设,2016(2):77-80.

年出台《不让一个孩子掉队法》，而且在《中小学教育法》第二章中加入阅读条例。[①] 韩国 1994 年颁布《图书馆及读书振兴法》。为推广国民阅读运动，日本多次立法。1999 年，日本国会通过了《关于儿童读书年的决议》，将 2000 年指定为“儿童读书年”。2001 年，日本国会通过了《儿童读书活动促进法》，将每年的 4 月 23 日定为儿童阅读日。2007 年，西班牙颁布了《阅读、书籍和图书馆法》，强调图书馆在促进公众养成良好的阅读习惯中的重要性。俄罗斯发布《国家支持与发展阅读纲要》确定 2007 年为“读书年”。2008 年，日本国会通过了《关于国民读书年的决议》，将 2010 年定为“国民读书年”。2009 年德国制定了《阅读促进标准评估系统》。一系列的法律条例，为推动全民阅读提供了制度保障，也营造了良好的法律环境。

第二节　主要发达国家全民阅读发展现状

发达国家因为城镇率较高、阅读推广时间久，短期内城乡阅读的数据与实践并不丰富，所以我们在此主要讨论美国、欧洲和日韩的全民阅读发展现状。这几个主要的发达国家和地区的阅读推广实践有许多可供我国发展城乡阅读参考之处。

一、美国：重视激发阅读兴趣，阅读成为消遣和交流工具

1977 年，在美国国会图书馆馆长丹尼尔·布尔斯廷（Daniel J. Boorstin）的倡议下，美国国会立法通过成立国会图书馆阅读中心，该

① 蔡箐.国外阅读立法：现状，特点与借鉴[J].图书馆杂志，2016(8)：29-35.

中心成立的目的是利用国会图书馆的资源和威望刺激人们的阅读兴趣。促进和激发阅读行为是阅读中心的核心使命,经过不断的发展,阅读中心的服务对象已经包含了所有年龄层的读者和潜在读者,其使命除了推广阅读外,还有对文学和图书馆的推广。

阅读中心组织发起了一系列全美阅读推广活动,目的是为了激发人们对阅读的兴趣。1977 年 10 月 22 日,国会图书馆的专家和作家、学者、出版商以及中心咨询委员会举行会议讨论如何刺激阅读。1987 年,国会图书馆阅读中心发起了第一次全美阅读推广活动——“读者年”(The Year of the Reader)。1988 年 12 月 5 日,总统罗纳德·里根签署公告《青少年读者年》,作为次年的阅读推广主题。从 1989 年到 1992 年,美国第一夫人芭芭拉·布什三度成为“青少年读者年”活动的名誉主席。另一位第一夫人劳拉·布什则在 2001—2003 年开展的第 8 次国家阅读推广“讲述美国故事”(Telling America's Stories)活动中担任名誉主席,通过组织讲故事和传说来鼓励阅读,宣传使用图书馆和其他美国文化遗产。

阅读中心还于 1987 年启动了“协同促进国家阅读”(National Reading Promotion Partners)计划,发展至今,已经有 90 多个组织加入该计划。该计划会定期举行年度会议,为每个参与组织提供促进阅读项目和争取新合作伙伴的机会。除了举办活动外,阅读中心还发放了大量的宣传材料,鼓励公民和组织在地方、国家和国际层面交流促进阅读的意见或建议。①

---

① Reading promotion themes and projects[EB/OL].[2008-07-02].https://www.loc.gov/loc/lcib/0202/cfb.html.

表 5-1　1987—2003 年美国阅读促进活动主题

年份	活动主题
1987	阅读年(Year of the Reader)
1989	青少年阅读年(Year of the Young Reader)
1991	终身阅读年(Year of the Lifetime Reader)
1992	阅读探索新世界(Explore New Worlds - READ!)
1993-1994	书籍改变人生(Books Change Lives)
1995—1996	阅读塑造未来(Shape Your Future - READ!)
1997—2000	构建阅读者之国(Building a Nation of Readers)
2001—2003	讲述美国故事(Telling America's Stories)

来源:美国国会图书馆网站

全球研究型数据资源网站 Statista 在 2019 年发布的美国阅读行为报告(Reading habits in the U.S. —Statistics & Facts)中指出,看电视、上网、玩电子游戏等更现代的娱乐形式已成为美国人的主要消遣方式,而阅读书籍或杂志等传统娱乐形式似乎正在衰落。[①] 调查显示,20—34 岁的美国人平均每天只花 0.11 小时阅读,相当于每天不到 7 分钟,老一代人平均每天花在阅读上的时间虽然比年轻人长,却也只有 0.28 小时。尽管这些数据令人担忧,但乐观的是,截至 2018 年,美国 74% 的成年人表示,他们在过去一年中至少读过一本书,此外,美国人每年在阅读上的支出仍在 110 美元左右。

报告称,美国人选择将宝贵的空闲时间用于阅读的主要原因之一是真正享受阅读带给他们的快乐。一项调查显示,98%的受访者表示他们阅读是为了娱乐,而另外 29%的人表示他们阅读是为了了解时事。美国人最喜爱的读物类型是小说,非小说类的书籍和报纸也相对

① Reading habits in the U.S. - Statistics & Facts[EB/OL][2020-01-16]. https://www.statista.com/topics/3928/reading-habits-in-the-us/.

比较流行,只有11%的受访者表示他们经常阅读诗歌。

同年的另一份美国阅读行为研究报告也证明了更多的美国人将阅读视为消遣这一观点。美国国家艺术基金会的公众参与艺术调查,展示了书籍在美国人生活中地位的丰富数据,指出人文素养和兴趣正在超越正规教育系统成为美国人阅读的原因。报告指出,尽管2017年美国成年人每年至少阅读一本书的人数比例总体较2012年下降,但他们参加读书俱乐部和阅读小组的人数却有所增加。2017年,大约5%的美国人通过读书俱乐部或阅读小组与书籍打交道,高于2012年的3.5%。

美国政府在做阅读推广时,不管是早期国会图书馆图书中心开展的"一城一书"图书馆阅读推广活动,还是美国国家艺术基金会从2006年推行至今的"大阅读"项目,都不是指导人们从书中获取知识,而是培养国民的阅读兴趣,增强人们对阅读行为的依赖度。"一城一书"阅读活动基于社区这个大范围,使读者在特定的社群中找到归属感,通过共读一本书来促使人们聚到一起,让阅读成为人与人之间连接的纽带。"大阅读"项目则旨在享受因分享一本好书而获得的快乐,通过这种体验增强国民对世界、社会和个人的理解,通过共读一书展示各种各样的声音和观点。

美国国家艺术基金会"大阅读"项目的官网上有这样一句话,"研究表明,为了快乐而阅读可以减轻压力,提高同理心,提高学生的考试成绩,减缓痴呆症的发作,并使我们成为更加积极和有思考能力的公民。读书俱乐部和社区阅读计划通过创造机会来共同探索与我们生活相关的问题并扩大这些好处。"这些文字无一不是在暗示读者,阅读不但能获得快乐而且有益于身心健康,是一项非常优秀的娱乐活动。

二、欧洲：重视培养阅读习惯，通过量化提升阅读水平

欧洲在城乡阅读推广上有许多有益实践。欧洲非常注重阅读资源的互动，把城市的阅读资源分享到乡村中。捷克共和国为了在整个共和国范围内解决城乡阅读资源不平衡的问题，举行了如“随书成长”“读者挑战赛”等活动。这些项目成功扩展到捷克共和国的15个城镇。斯洛文尼亚的“农村扫盲方案”也是一个很好的推广案例，该方案由教育和体育部、欧洲社会基金资助，参与者免费。农村扫盲方案是一个非正式的、长达120小时的培训方案，主要在乡村中学和社区内进行。培训将参与者分成小组，每组大约有12—16人，由两名教师同时进行教学，这些教师在此之前需要接受长达100小时的专业培训。在2010—2013年期间，约有500名来自农村地区的低学历成年人免费参加了农村扫盲方案。2005—2010年间参与该计划的人表示，培训使他们更加了解自己的生活环境。①

欧洲的全民阅读推广兴起于20世纪90年代。欧洲阅读促进组织(EU Read)于2000年成立于比利时的布鲁塞尔，开展面向全欧洲的阅读促进活动。目前，其成员包括来自比利时、英国、捷克共和国、德国、意大利、荷兰、挪威、芬兰、瑞士、奥地利、波兰、丹麦、葡萄牙、西班牙和土耳其的机构。该组织认为，阅读是全面参与媒体主导的多元文化社会的先决条件。欧洲阅读促进组织经常开展一些常规性的游说，提高了大家的共识，即在国家和整个欧洲层面，建立一个强有力的阅读促进组织是极为有利的。在“让欧洲再次阅读”的口号下，第五届欧

---

① KNAFLIC L. How we started: the family literacy programme in Slovenia[J]. Literacy, 2005(2): 81-84.

洲阅读促进组织年度大会于 2019 年 9 月 23 日至 25 日在比利时布鲁塞尔北莱茵—威斯特伐利亚州驻欧盟代表处举行。

欧洲在阅读推广中十分注重青少年群体的阅读，例如英国政府拨款资助的"阅读起跑线""1 英镑购书计划"等项目对青少年阅读提出了明确的要求，并对青少年群体的阅读行为进行周期性的调查研究，主要有英国未成年人阅读调查项目、法国未成年人阅读调查项目、德国儿童阅读调查项目等。欧洲读写政策网（European Literacy Policy Network）针对欧洲各国发布的读写能力报告也将青少年读写能力作为单独的一项研究展现出来。

欧洲对青少年阅读的重视还体现在对阅读培训测评系统的使用上。睿乐生教育集团是 K-12 英语测评和分级阅读的全球领导企业，是全球最大的英语和数学测评教育科技公司。截至 2019 年，英国有约一半的学校都在使用睿乐生阅读培训测评系统。睿乐生在欧洲的分部成立于 1999 年，仅仅在英国和爱尔兰就已经有 6,000 余所学校使用睿乐生的分级阅读或测试系统，这足以证明欧洲在做阅读推广时，着重通过量化提升青少年的阅读水平。睿乐生的加速阅读器（Accelerated Reader）能够帮助教师激励学生阅读更多的书，同时使教师能够评估、检测和记录学生阅读能力的进步，该软件还能够基于学生对文学内容的阅读提供持续的评估和说明。早在 1996 年，Paul T. 等研究表明，在 2,500 所小学、初中和高中的代表性样本中，学校通过加速阅读器提供的出勤率和标准化考试成绩来指导学生提升读写能力，产生了积极的影响[①]。学校要求所有 2 至 6 年级的学生在秋季参加

① PAUL T, VANDERZEE D, RUE T, et al. Impact of the Accelerated Reader Technology-Based Literacy Program on Overall Academic Achievement and School Attendance [C/OL]. (1996-10-04) [2020-12-01]. https://files.eric.ed.gov/Ed421684.pdf.

STAR 测试。加速阅读器中包含大量阅读理解的测试题目,需要学生先在计算机上参加 STAR 测验,以确定他们的阅读水平。测试后,老师会给学生一封个性化的信,其中包含学生适合看的书目以及如何在家中使用加速阅读器。孩子们在加速阅读器上看完书后还会进行简短测验,以检验他们是否理解了书本内容,老师也会把在家阅读加速阅读器中的书作为作业的一部分。

另外,英国作为在世界率先发起全国性少儿阅读推广活动的国家,十分重视利用分级阅读手段进行个性化与精准化的阅读指导,如图书馆少儿分级阅读服务与学校教育相结合,基于科学权威的儿童阅读分级标准提供高质量童书荐读服务等。当前,英国公共图书馆普遍采用"牛津阅读树"儿童图书分级法来帮助少儿选取可更好地学习母语、逐步扩大知识面并提高阅读素养的儿童读物,从自然拼读、起步阅读、综合理解、高水平阅读 4 个方面构建少儿分级阅读读物推荐体系,强化少儿阅读推广的针对性与实效性。①

在少儿阅读推广方面,欧洲救助儿童会还启动了"拯救儿童"(Save the Children)阅读计划,该计划与当地的企业和组织合作,建立了小型免费图书馆(Little Free Library),在小型的户外棚屋里提供可供借阅的书籍,还有室内的读书角供个人和团体阅读。另一种颇受欢迎的活动被称为"故事小路"(Story Walks),沿着小路展示儿童喜爱的故事,孩子和家人一起边散步边进行阅读。②

① 杨文泓.英国公共图书馆少儿分级阅读推广服务研究:以 10 家英国阅读起跑线计划成员馆为例[J].图书馆工作与研究,2020(11):103-109.

② StoryWalk ®[EB/OL].[2021-03-20]. https://www.kellogghubbard.org/storywalk.

三、日韩：重视立法保障阅读，多方位促进国民阅读行为

1947年11月17日，日本出版界提出“把新生日本变成文化国家”“用读书的力量创造和平的文化之国”的口号，并成立了“读书周实行委员会”（现为“读书推进运动协议会”），把每年10月27日—11月9日的两周定为“读书周”，并作为一项国民活动逐渐固定下来。日本在“二战”后多次立法，推广国民阅读运动。

日本全民阅读推广以儿童为重点。1999年，日本国会通过了《关于儿童读书年的决议》，将2000年指定为“儿童读书年”。2001年，日本国会通过了《儿童读书活动促进法》，将每年的4月23日定为儿童阅读日，随后还制定了《关于推进儿童读书活动的基本计划》等政策。儿童阅读会带动亲子阅读、家庭成员阅读的需求增高，不断培养下一代人的阅读习惯，提升阅读能力，从而形成良性循环。

日本全民阅读推广非常重视图书馆的作用。1948年通过的《国立国会图书馆法》、2005年颁布的《文字活字文化振兴法》、2002年的《读书五年计划》和2008年的《关于国民读书年的决议》等法律政策，为图书馆建设提供了制度保障和发展规划。2008年，日本国会通过了《关于国民读书年的决议》，将2010年定为“国民读书年”；2008年，民间阅读推进组织也发表了《国民读书年行动计划》，号召全社会共同努力，以提高国民图书阅读率和阅读量。

日本全民阅读推广还重视调动社会力量的参与。创办于1946年的“读书推进运动协议会”是社会团体的典型代表，由出版、书店、图书馆界等7个行业协会共同发起成立，为日本的全民阅读推广作出了重要贡献。新闻出版业及相关零售业的高质量发展与积极参与阅读推

广的态度,为全民阅读带来丰富的阅读资源,充实了社区图书馆,也推动了社区内实体书店、便利店等场所的阅读活动。[①]

韩国是世界上阅读推广运动发展较成熟的国家之一。在韩国,阅读被誉为政府工程。多年来,政府一直在立法政策、资金、项目等多方面对阅读予以积极的支持,且参与阅读推广的机构几乎囊括了韩国政府的所有属辖。韩国在1994年就颁布了《图书馆及读书振兴法》,韩国现行的《图书馆法》就是在《图书馆及读书振兴法》基础上进行修缮和重制的,现行的《图书馆法》更加注重从细节上践行法律精神,对于责任和义务的划分也更加具体,保障了公民获取信息的权利,创造了全民阅读的积极环境。2007年4月5日韩国开始实施《图书馆法实施令》和《图书馆法实施规则》。2008年韩国政府出台了首个推进阅读的五年计划,当年,韩国文化体育观光部拨款116亿韩元,用于支持涉及阅读推广基础设施建设、阅读教育和出版产业振兴、各类阅读推广活动实施以及弱势群体阅读保障等项目。

此外,韩国政府还制定了一系列切实的推广政策来改善阅读环境,如韩国教育科学技术部制定的《学校图书馆活性化综合方案》《提高阅读教育和中小学图书馆的综合规划》。为切实推进国民阅读,韩国文化体育观光部还将每年9月定为全国阅读月,并设立读书文化奖,对推进国民阅读做出突出贡献的个人颁发总统勋章,以示褒奖。

由于受儒家文化的影响,韩国人高度重视教育,不断进行各种改革,以培养识字人口。早在20世纪六七十年代,韩国农村的识字人口就达到了80%左右,为了给韩国农村的识字人口提供读物,由戴先生(Mr. Dai Sup Ohm)一人发起的小型图书馆运动于1960年展开,其基

---

① 樊燚琴.日本社区阅读环境构建模式与启示[J].中国出版,2019(7):64-67.

本理念是在韩国农村的35,000多个村庄中的每一个村庄安装至少一个可容纳约300本书的书架,因为农村居住着大约全国40%的人口,有1,000万左右的农村成年读者需要书籍来满足他们的阅读需求。除了书架之外,每个村庄都有一个“阅读俱乐部”,由一批志愿者管理小型图书馆。藏书包括私人捐赠、政府资助的出版物以及利用当地资源从书店购买的书籍。小型图书馆运动可以被称为一场基层阅读推广运动,是戴先生的坚持不懈成功促使韩国政府进行资助并加快了全国各地农村书架的建设和完善。到1975年,书架覆盖了所有35,011个村庄,其中17%由私人捐赠,41%由地方政府和教育部提供。截至1977年2月,韩国小型图书馆藏书总数就接近300万册,阅读俱乐部成员总数近50万人,平均每个小型图书馆分别拥有81.4册图书和14.2名成员。[①]

第三节 主要发展中国家城乡阅读发展现状

中国是世界上最大的发展中国家,国际主要发展中国家的城乡阅读推广与建设经验对于我国来说也有着非常大的参考价值,故本节探讨俄罗斯和印度的城乡阅读的发展现状与推广政策,以期为我国城乡阅读的发展提供实用性指导。

一、俄罗斯:阅读方式转变,阅读促进活动持续展开

俄罗斯在历史上被称为最爱阅读的国家之一,1.4亿俄罗斯人的

① KIM C H. Reading public of the mini-libraries in rural Korea[J]. Libri,1978(3):215-227.

私人藏书就能多达200亿册,每个家庭平均藏书近300册。俄罗斯人非常注重家庭阅读,家庭阅读的传统建立于19世纪。当时一些资产阶级经常会举行关于阅读的家庭聚会。一方面是由于他们丰富的私人藏书,另一方面在他们看来阅读不只是聚会的一种方式,更是成年人与孩子之间最自然的一种心灵沟通。[①]

即便曾经有着浓厚的阅读传统,在俄罗斯,阅读活动也与其他国家一样正面临着电视和互联网的冲击。俄罗斯民调机构列瓦达中心在2019年5月进行的一项问卷调查显示,大部分俄罗斯人的休闲方式转变为看电视,79%的受访者表示一周至少看一次电视,成年受访者中每两人中就有一人每天都看电视,而"阅读文学艺术作品"在俄罗斯人喜欢的休闲方式中只排在了第六位。俄罗斯印刷物数量下降的同时,电子书的销售量却在逐年攀升,俄罗斯最大出版商 Eksmo-AST 估计,未来电子书的销售量还会继续增加,平均每年增幅可达30%,[②]这说明俄罗斯人的阅读方式由纸质阅读逐渐转向数字阅读。他们的阅读习惯仍然存在,只是阅读不再是人们最普遍的娱乐方式。

俄罗斯在21世纪初面临严重的阅读危机,为了促进国民阅读行为,在2006年11月的圣彼得堡国际图书沙龙上,俄罗斯联邦出版、广播电视和公众媒体传播部联合俄罗斯图书联盟,共同制定推出《国家支持与发展阅读纲要》,该纲要首次明确提出将阅读推广作为国家发展的首要任务,强调了国民阅读的重要性,并对图书馆、教育系统、出版发行商和阅读基础设施等提出要求。同年还设立了"培养读者兴趣、鼓励年轻人读书"的国家项目,确定2007年为"读书年"。2012年

---

① 刘娴,张琳.俄罗斯阅读推广实践及启示[J].医学信息学杂志,2018(1):81-84.

② 俄罗斯人阅读习惯正在发生改变[EB/OL].(2019-07-27)[2020-07-27].https://www.sohu.com/a/329624846_162522.

出台《民族阅读大纲》，要求在出版、运输和传播儿童书籍方面提供国家保护措施；以组织竞赛等方式支持和激励作家为儿童和青少年创作有意义的图书；创建俄联邦国家权利委员会下属的联邦阅读研究中心等。与此同时，俄教育科学部、文化部、联邦新闻出版与大众传媒署和莫斯科政府联合举办了全国性的“阅读经典”竞赛。

近年来，俄罗斯的阅读促进措施，从临时、偶尔性的活动向与各有关团体、机构联合开展的常态化活动转变，一些活动已持续数年甚至超过十年，活动的影响力非常大。目前最具影响力和公信度的活动有：图书馆之夜、全俄“最爱阅读的地区”评选、阅读的妈妈——阅读的国家、全俄书片花大赛等。[①] 在城乡阅读推广方面，全俄“最爱阅读的地区”评选是一次非常有益的实践。在俄罗斯联邦新闻出版与大众传媒署的支持下，俄罗斯图书联盟于 2015 年举办了首届全俄“最爱阅读的地区”竞赛，有效推动了促进及宣传阅读活动的实践。“最爱阅读的地区”评选活动对参赛地区两年间的公共阅读基础设施建设、阅读活动的开展以及地域特色文学传统的传承等进行评价，对成绩突出的地区授予“最爱阅读的地区”中的“俄罗斯文学旗舰城”这一最高荣誉称号，这个奖主要颁给那些在文化基础设施建设与阅读促进实践中有卓越表现的地区。俄罗斯各地以该活动为契机，高度重视阅读文化培育，建成了一批阅读文化氛围浓郁、阅读设施齐全、阅读资源丰富、阅读活动新颖的具有示范作用的阅读区域。

---

① 李红梅.俄罗斯全国性阅读促进活动的开展与启示[J].大学图书情报学刊，2019(2)：119-123.

二、印度:国民阅读量名列前茅,城乡阅读推广开展已久

2020年年底,世界英语编辑网站(Global English Editing)发布了《2020年世界阅读习惯报告》,报告中最引人注意的是印度的阅读量以每周10.42个小时拔得头筹。其实,早几年的一次调查就显示全世界最爱读书的是印度人,当年《哈利·波特与混血王子》(英文版)在全球同步上市的首日,一共售出1,000万本,其中10万本的销量在印度。

印度首都新德里在全市设立了5处公立图书馆,以方便人们就近阅读。印度的公立图书馆只要花2卢比(约合人民币2角)办张借阅卡,即可利用图书馆的所有资源。除了政府对阅读的保障之外,印度的民间组织在阅读推广活动中也非常活跃。"你还记得书籍是如何改变你的命运的吗?你愿以书籍照亮他人的脸庞吗?"这是印度一家名为"创造不同"的民间组织招募志愿者的广告语,这一组织成立于2006年,目前在印度22座大中城市设有分部。该组织希望通过举办类似"书中寻宝"这样的趣味读书活动,帮助人们,特别是儿童和青少年养成良好的阅读习惯。

其实印度的城乡阅读推广在21世纪初就开始了尝试。根据2003年印度国家图书信托基金(NBT)和苏进·布迪苏万的设想,为了提高公众的阅读水平,可以向印度农村地区的居民提供一些阅读服务,如为乡村地区提供移动图书馆。这项服务旨在帮助乡村部落学习当地语言,以提高他们的生活水平并获得民族认同感。[①] "移动图书"

---

① KANADE Y G, CHUDAMANI K S. A discourse on promotion of reading habits in India[J]. The international information & library review, 2006(3): 102-109.

(Bookmobile)计划也是印度早期对于乡村阅读推广的设想,这项服务的目的是提高印度乡村地区的公众阅读水平,为农村儿童提供读物。电子书可以提供给村民,而村民只需要政府提供的一台低成本的简易电脑即可获取图书信息,此举可为村民的阅读提供极大的便利。“便携式图书馆”项目则是另一个有益尝试,该项目旨在向农村地区的年轻人提供阅读材料,因为在此之前,他们几乎无法获得书籍和其他有趣的读物。便携式图书馆由一个紧凑的书箱组成,书箱打开后可以作为一个书架使用,里面可以盛放大约100本书,书箱中除了书籍还提供便携图书馆简要使用指南与使用评估单。在印度真正落地的是移动图书馆服务项目(Door-to-Door Boxes Project),该项目旨在鼓励阅读行为并提供有关教育和就业的信息,提供纸质和电子的阅读资源。负责该项目的图书管理员安排置办了书架,这些书架将由三轮车运输到各个村庄并轮流在每个家庭停留一个月。另外,印度政府在乡村也设立了乡村阅读中心,并由村民管理。同时,根据村民的需要配备阅读资源,如报纸、录像带、磁带和电视机等。政府倡导每两个村庄至少建立一个阅读中心,以帮助提高农村居民的知识水平。

第四节 国际阅读组织发展现状

一、国际阅读协会

国际阅读协会(International Reading Association,简称IRA)是当前国际最大的非营利性专业阅读组织,于1955年1月1日成立,总部设于美国特拉华州的纽瓦克城(Newark)。该协会旨在通过提高阅读教学质量来促进成员培养高水平的读写能力,致力于通过研究阅读过程和教学技巧来实现这一使命,通过组织会议和发行出版物来提供、传播阅读研究的相关信息,并积极鼓励终身阅读。该协会关注各个层面的阅读——从幼教到大学再到成人学习。成员从1956年的约5,000人增加到现在的35万多人,这些会员分布在90多个国家。协会在38个国家设有分支机构,凡对阅读活动怀有兴趣的人,都可以申请入会。该协会还设有专门的研究所,开辟了诸如扫盲阅读、阅读交流、阅读理解、快速阅读、计算机与阅读、阅读指导、阅读发展、儿童阅读心理等研究课题。

国际阅读协会每年召开一次全体会议;设有董事会、常务委员会和专业委员会,致力于将研究成果付诸实践;常针对不同的读者群体,推荐和提供有针对性的阅读指导,尤其重视对幼儿和青少年的阅读指导,为家长、教师提供帮助。其出版物有:《阅读教师》(*The Reading Teacher*)、《阅读杂志》(*Journal of Reading*)、《阅读研究季刊》(*Reading Research Quarterly*)、《今日阅读》(*Reading Today*),而《国际今日阅读》(*Reading Today International*)现已停刊。此外,协会还出版大量的有关阅读研究理论和实践的图书。每年的相关出版物在30种左右。该协会设立了如“国际扫盲奖”(于1979年设立)等奖项,以奖励对提高人们阅读水平、发展人类文化有突出贡献的人。

2015年,成立60年的国际阅读协会正式更名为“国际阅读素养协会”(The International Literacy Association)。协会出版了900多种关于读写能力教育的图书,在发展中国家开发并运行着数十个全球读写能力改善项目,通过分会和附属团体建立了一个教育工作者社区,为教育工作者制定评估标准,这些评估标准在整个阅读教育领域得到了广泛应用。60多年间,国际阅读协会为全球的阅读推广和阅读能力教育作出了巨大贡献。

二、联合国教科文组织

联合国教科文组织为联合国教育、科学及文化组织（United Nations Educational, Scientific and Cultural Organization, UNESCO）的简称。联合国教科文组织致力于推动各国在教育、科学和文化领域开展国际合作，以此共筑和平。联合国大会于2015年通过了《2030年可持续发展议程》，教科文组织开展的各个项目将助力实现该议程中的可持续发展目标。

20世纪70年代，联合国教科文组织以“国际图书十年”为题进行了一系列研究，这个时期联合国教科文组织对世界上各个国家和地区的阅读、出版状况进行了大范围的调查和研究，重点是对非洲、东南亚、南美各国以及使用阿拉伯语、拉丁语地区的阅读、出版现状和问题的调查研究。80年代，联合国教科文组织英文网站中发布的数篇报告是这些研究的最终成果。

在20世纪70年代联合国教科文组织的众多阅读推广活动中，以“国际图书年”最为显著。1972年，联合国教科文组织在对多国尤其是亚非拉地区的阅读和出版情况进行大量调研的基础上，明确提出“全民读书”（Books for All）的理念，并把1972年定为“国际图书年”，开展大量阅读促进活动。

1982年7月在伦敦召开的世界图书大会上，联合国教科文组织提出了“走向阅读社会：80年代的目标”（Towards a Reading Society: Targets for the 1980s）项目。与此同时，联合国教科文组织将公共图书馆视为全民读书尤其是贫困人口、特殊群体能够平等享受阅读权利的重要平台并加以推广。

1997 年 3 月 5 日，联合国教科文组织总干事和埃及文化部长签署了关于发起国际“全民阅读”(Reading for All)项目的备忘录。同年 7 月 24—25 日，第一届国际“全民阅读”专门委员会会议在埃及阿斯旺举行。此次会议回顾了埃及自 1991 年启动全民阅读项目的成就，分享经验的同时，也听取了其他由国际社会、各国政府和非政府组织实施的阅读推广行动的汇报，为国际社会开展全民阅读活动起到了很好的助力作用。此后，该理念传播范围不断扩大，欧洲、非洲、大洋洲分别召开全民阅读推广会议，许多国家越来越意识到国民阅读的文化战略作用，他们以“全民阅读”为旗帜，制定各种政策，采取各种措施，动员全社会促进国民阅读。

三、国际出版商协会

国际出版商协会(International Publishers Association，IPA)于 1896 年在法国巴黎成立(现秘书处设在瑞士日内瓦)，协会目前由来自非洲、亚洲、大洋洲、欧洲和美洲 71 个国家的代表图书和音乐出版商的 86 个会员组织组成，在国际平台上维护出版行业的利益。国际出版协会通过其组织成员代表了世界各地数以千计的个人出版商，这些出版商的服务市场涵盖全球 56 亿人口。

作为出版业的国际性组织，该协会的宗旨是保护出版自由和阅读自由，加强各会员国之间的国际合作，减少因缺少图书和教育经费所造成的文盲现象。国际出版商协会不但保护所有语言和文化在出版上的自由和文化多样性，同时也保护出版贸易自由，支持发展中国家通过加入 WTO 实现出版贸易自由和本国出版业的繁荣。

1995年,国际出版商协会在西班牙巴塞罗那召开全球大会,首次提出以文学巨匠莎士比亚、塞万提斯和其他名作家都比较集中的出生、逝世纪念日,即4月23日作为“世界图书日”的设想,后又加入俄罗斯代表提出的“版权”理念,以此与西班牙政府一起向联合国教科文组织提出倡议,得到联合国教科文组织第28次大会的认可。联合国教科文组织在当年10月宣布,将每年的4月23日作为“世界图书和版权日”,目的在于让阅读成为人们日常生活中不可或缺的部分,每个人都能享受阅读的乐趣。目前,全球已有100多个国家和地区参与此项活动。

国际出版商协会与各相关的国际组织建立起联系,它在联合国的一些组织拥有顾问资格。这些国际组织包括世界知识产权组织(World Intellectual Property Organization)、联合国教科文组织和全球邮政协会(Universal Postal Union)等。国际出版商协会还与世界贸易组织(World Trade Organization)等其他一些国际组织建立起常规的会晤关系。当各成员协会所在国的法律,特别是版权法损害到出版商的利益时,国际出版商协会向其成员提供法律援助,并游说当地政府与成员组织展开合作。

自成立以来,国际出版协会促进和捍卫出版自由,协助其成员国组织制定、审查或修订影响出版商的法律,特别是版权法。国际图书协会还与联合国教科文组织合作,策划并执行世界图书和版权日(World Book and Copyright Day)的相关活动,协助联合国教科文组织评选每年的世界图书之都。国际出版协会还会定期组织国际出版商大会,并组织和关注与出版商息息相关的国际活动,例如2006年举办的以“言论自由”(Freedom of Expression)为主题的书展言论自由集会,2007年开展的阿拉伯国际版权会议,2008年的黑海书展等。

出版商协会为全世界出版业服务，维护出版者出版和发行人类智力产品的权利。大力发展具有创造性的作品，同时鼓励更为广泛地发行图书和其他出版物。鼓励各国新作家和新出版者发挥创造性，积极参与扫盲悦动，促进出版自由和阅读自由。该协会在国际版权保护和各国智力产品的自由交流方面做了大量工作。

四、"一带一路"倡议下的丝路书香工程

"丝路书香出版工程"是中国新闻出版业唯一进入国家"一带一路"倡议的重大项目，"一带一路"沿线国家图书发行量小、经济效益低，建设"一带一路"的目的在于推动国际社会更加了解中国，而"丝路书香出版工程"则致力于在沿线创造一个更加有利的阅读环境，提高"一带一路"沿线国家的阅读水平及文化理解与交流能力。

该工程于 2014 年 12 月 5 日正式获得中宣部批准立项，规划设计到 2020 年，其中 2014 年至 2015 年重点项目包括 5 大类 8 项，涵盖重点翻译资助项目、丝路国家图书互译项目、汉语教材推广项目、境外参展项目、出版物数据库推广项目等。丝路国家图书互译项目明确提出，中国要与丝路国家新闻出版管理机构签署政府间互译协议，按照政府资助、出版企业市场化运作的方式，遴选一批经典图书和优秀当代图书互相译介到对象国出版发行。2014 年，该项目重点推动中国与沙特阿拉伯、科威特、哈萨克斯坦、蒙古国、斯里兰卡、摩洛哥等 6 个国家建立双方经典作品和优秀当代图书互译机制。

2016 年 1 月，"丝路书香 · 中国书架"项目在第 47 届开罗国际书展上启动。如今在埃及、土耳其、阿联酋、阿根廷、德国、法国、美国、新加坡等 13 个国家共设立 15 个"中国书架"，在北京、上海、厦门等国内

10个城市共设立18个书架。而线上“中国书架”购书平台的开拓，进一步让全球读者无距离、无时差地感知阅读与中国文化的魅力。“中国书架”不仅服务于海外的外国读者，还服务于来华在华的外国人。

五、国际性阅读能力测试

1.促进国际阅读素养研究

促进国际阅读素养(Progress in International Reading Literacy Study, PIRLS)是国际教育成就调查委员会(The International Association for the Evaluation of Educational Achievement，简称IEA)的研究项目之一。

自2001年以来，该项目每5年实施一次。PIRLS记录、分析了四年级学生(9岁儿童)阅读能力的全球趋势，以及学校教师与教学相关的实践。该研究通过阅读评估和问卷来分析学生对阅读的态度和阅读习惯。此外，该项目还向老师和学校校长发放问卷，收集提升学生阅读素养方面的教育教学经验。它提出了许多以测评促进和提高阅读的先进理念及实施手段。其评测理念、方法和结果可以改善学生的阅读学习，促进学生阅读能力的提升，PIRLS作为“国际合作研究最好的典范”，是“最具探索性的比较教育研究”。

2001年第一批参与PIRLS测试的有35个国家和地区，2006年第二次测试有47个国家和地区参加，2011年增加到53个国家和地区。在2016年的第四次测试中，包括美国在内的61个国家和地区参与，且首次实施了一项名为ePIRLS的在线阅读创新评估。

表 5-2　PIRLS2016 阅读评估框架

基础框架	评测阅读目标分布
PIRLS 阅读测评	阅读的文学体验(50%) 利用阅读获取并使用信息(50%)
PIRLS 识字测评	阅读的文学体验(50%) 利用阅读获取并使用信息(50%)
ePIRLS 在线阅读测评	利用阅读获取并使用信息(100%)

来源:TIMSS & PIRLS International Study Center

2021 年,PIRLS 转向数字阅读与在线测评。其提供数字形式的文学类和信息类阅读测试。通过计算机呈现的 PIRLS 文章和测试题目能为学生提供更有吸引力的视觉体验,这将有效地促进学生的阅读行为,并提高操作效率。

阅读能让人们体验不同的世界,从而给人们带来快乐,人们通过阅读思考文字和信息,以此作为实现个人和社会目标的工具。PIRLS 正是基于对阅读能力的上述理解,才将阅读能力的评估重点从展示流利性和基本理解转向展示将所理解的内容应用于新情况或项目的能力。PIRLS 以阅读素养为研究重点,将“阅读素养”定义为理解和运用社会需要的或个人认为有价值的书面语言的能力。儿童能够通过阅读各种文章建构意义,并从中获得乐趣。PIRLS 认为“阅读素养是学生从小学开始就应该掌握的最重要的能力”,只有掌握了阅读的能力,孩子才能更好地学习其他知识,才能更自信地融入社会,满足生活、工作甚至生存的需要;只有学会了如何阅读,才能提高鉴赏能力,接受全方位的信息,满足个人精神世界发展的需求。

2.国际学生评估项目

国际学生评估项目(Programme for International Student Assessment, PISA)是经济合作与发展组织(OECD)于 1997 年发起的大规模国际

教育评价项目。它是 OECD 及其成员国和地区共同设计的一个跨国教育测评,旨在帮助参与国家和地区反思现行的教育政策,寻找教育发展中存在的问题,从国际比较的视角审视自身的教育质量、公平性和发展效率,建立和完善教育监测指标体系,推动教育改革与发展。随着时间的推移,PISA 测评中对素养的定义、内容领域和层次维度等都在与时俱进,其规模和影响力也与日俱增,对世界许多国家的课程改革产生了一定的影响。

PISA 测评对象是 15 周岁的在校学生(义务教育结束阶段),测评领域主要为阅读、数学和科学,测评手段主要是对目标群体进行抽样,通过认知测量工具(试卷)测量样本学生运用知识和技能解决现实问题的能力,同时通过问卷调查的方式收集学生、教师和学校等背景信息,从学生、教师、学校等层面来分析影响学生测试成绩的因素,形成对整个教育体系的评价报告。PISA 测评于 2000 年首次举行,其后每三年进行一次,根据测评年份来命名,每次 PISA 测评的重点领域都是在阅读素养、数学素养和科学素养这三个核心领域间轮换。PISA 测评的"素养"不同于对学校课程所设置的学科相关知识的理解或记忆能力,而是指学生为迎接当今不断变化的现实挑战,运用知识和技能解决问题的能力,以及在日常生活情境下作出良好判断和决策的能力。PISA 的根本宗旨是评价学生应用知识与技能适应未来生活的能力,关注学生是否具有自我总结、自我反思、自我监控以及终身学习的能力。PISA 的目的不是评估学生个体对所测内容的掌握情况,而是在国家或地区层面上对学生的总体情况做出推断,帮助参与国家或地区了解其在国际比较中的相对位置及现有教育体系的优势和不足,从而为改进本国或地区的教育体系提供有效的政策咨询和参考建议。

PISA 用三个不同的维度来评价学生的阅读素养:一是获取信息

的能力,即能通过文本的特征、时间、背景等基本元素,迅速找到自己所需要的信息;二是解释信息的能力,即能结合自己的知识结构,联系阅读材料中提供的不同信息,对信息进行加工处理,从而得出对文本信息的正确解释;三是反思和评价能力,即能与自己原有的知识、想法和经验相联系,评价文本中提出的观点,客观反思文本的适用性、结构、风格等基本特征,识别文本材料的逻辑组织方式等。[①]

第五节　国际开展阅读推广的启示

2021 年 3 月,中宣部办公厅印发《关于做好 2021 年全民阅读工作的通知》,提出了 2021 年全民阅读工作的总体要求,部署了重点工作及组织保障等措施。通知指出,围绕党和国家工作大局,做好 2021 年全民阅读工作,对推动书香社会建设,营造良好文化氛围,凝聚全国人民奋斗"十四五"、奋进新征程的强大精神力量具有重要意义。

书是人类进步的阶梯,人类在阅读时获得了超越有限生命的无限可能性,通过阅读人们可以提升对世界的感知力和包容度,也可以缩小认知差距,强化文化认同,阅读的推广能使我们的社会更加开放包容,和平共生。阅读作为国际通行的交流方式,正在构建着人类命运共同体。

从世界主要的发达国家和发展中国家的阅读现状和阅读推广活动中,可以发现除了各国政府倡导阅读所做的努力外,如提供立法保障、加大资金支持等,发达国家的民间组织更加活跃,且发达国家更加

① 马世晔.阅读素养与国家竞争力:国外阅读素养测试对我们的启示[J].教育测量与评价(理论版),2010(7):13-15.

重视培养国民的阅读兴趣、阅读习惯与阅读能力；而大部分发展中国家还处于重视阅读行为的阶段。就像国际阅读协会的会名从“阅读”(reading)转变为“阅读素养”(literacy)一样，阅读行为、阅读素养都是阅读推广必不可少的阶段。

一、阅读兴趣与能力并重，养成终身阅读习惯

想要培养国民的终身阅读习惯，阅读兴趣的培养与阅读能力的训练缺一不可。阅读兴趣是培养阅读能力的基础，阅读能力则为阅读兴趣提供保障。

想要激发人们的阅读兴趣，就要提升国民对阅读的好感度与依赖度。当阅读带有太强的目的性时，如获取知识、提高成绩等，便很难使人感受到阅读带来的快乐。当目的性减弱，如将阅读当作一项消遣方式而不是学习行为，才更容易感受到阅读带来的愉悦，从而提升对阅读的好感度。非常典型的一个培养阅读好感度的案例是以色列人的“蜂蜜圣经”传统仪式：在孩子两岁左右时，父母会将蜂蜜滴在《圣经》上，先让孩子闻一闻，再让他去舔一舔。孩子第一次吃到甜的东西，在小脑袋里根深蒂固地认为“书是甜的”，这样的认知会潜移默化地增强孩子对书籍的好感。美国的“一城一书”与“大阅读”推广活动都是让人通过阅读建立连接，将阅读作为社交工具，提高人们对阅读的依赖度。可以看到，美国这两次成功的阅读推广活动都是较为具体的，比如对一本书的推广，而这种一本书的阅读推广效果往往更加成功。对于阅读能力的训练则要学习英国的分级阅读培养体系与测评方式，从少儿抓起，重视我们中小学乃至幼教中对于孩子阅读能力的训练，最好从小进行读写能力协同培养，并制定适合我国的阅读能力评价

体系。

二、数字形态与实体齐驱，均衡发展城乡阅读

国际上阅读推广做得好的国家很早就在进行数字阅读推广的有益尝试，在数字出版重塑出版业的今天，数字阅读这个最大变量成了城乡阅读发展的最大增量，在乡村进行阅读推广活动时大力推动数字阅读有利于加速改变城乡阅读发展不均衡的现状。

根据艾媒咨询发布的《2020 中国数字阅读行业创新趋势专题研究报告》，中国数字阅读行业用户规模达 5.1 亿人，2020 年全中国网络文学作品累计规模超 2,500 万部，17K 小说网、晋江文学城以及起点中文网的网文储量均超过 200 万。[①] 有声书、免费阅读生态等将是在线阅读行业未来发展的大趋势。有声书的发展为一些老年人、幼儿等阅读困难或有障碍的人群开辟了新的阅读方式，而免费阅读生态的推广和网络扶贫的不断发展则可以让阅读推广更好地触达贫困地区，缩小城乡阅读资源的不均衡。根据第 48 次《中国互联网络发展状况统计报告》，截至 2021 年 6 月，农村地区互联网普及率为 59.2%，较 2020 年 12 月提升 3.3 个百分点，城乡地区互联网普及率进一步缩小至 19.1 个百分点。农村地区通信基础设施逐步完善，推动农村互联网使用成本逐步下降。行政村通光纤和 4G 的比例均超过 99%，农村和城市“同网同速”，城乡数字鸿沟明显缩小。[②] 这为在乡村进行阅读与数字阅读

① 2020 中国数字阅读行业创新趋势专题研究报告[R/OL].(2020-12-04)[2021-09-03]. https://www.iimedia.cn/c400/75606.html.

② 第 48 次《中国互联网络发展状况统计报告》发布：我国网民规模超十亿[EB/OL].(2021-08-27)[2021-09-03].https://mo.mbd.baidu.com/r/XSVGQPIKUQ?? f=eca768d6e9bcc486.

推广打下了基础。

目前我国数字阅读发展势头良好,城市中的数字阅读推广活动也层出不穷,这就要求在发展乡村阅读时数字阅读也不能掉队,抓住时代机遇,缩小城乡阅读资源分配不均的现状。

三、社会组织与政府携手,积极推动全民阅读

国际阅读协会的发展路径与实践为我国社会阅读组织带来诸多启示。中国阅读学研究会(China Reading Association,CRA)曾在2012年11月与国际阅读协会举办学术交流会议。会议就中国全民阅读推广、阅读教学与研究,以及CRA与IRA未来的合作事宜进行了深度沟通和交流。

中国阅读学研究会于1991年创建,自创立以来学会致力于汉文阅读理论探索、基础教育阅读教学研究、全民阅读活动推广三项主要工作。研究会出版了许多与阅读相关的学术专著与论文,组织的“建设书香校园”“传承书香文化”活动已经走进全国各地的中小学、市镇,鼓励和引领不同年龄段的国民进行阅读。研究会还与各地图书馆一起组织“左书右网”、民间读书会、图书漂流等活动,为推进全民阅读起到了积极的作用,也得到了各级领导的支持。国家新闻出版广电总局副局长、中国出版协会常务副会长邬书林在《全民阅读推广读本》一书中提到:“希望有更多的人能深入研究阅读学,尤其是‘汉文阅读学’的学科特点和学术规律,为城乡阅读与全民阅读提供科学依据和理论指导。”①

---

① 甘其勋.缘定“4·23世界读书日”:汉文阅读与国际阅读文化的对接[J].山东图书馆学刊,2015(2):18-20,39.

中国阅读学研究会借鉴美国推广模式开展的“同读一本书”活动，促进了本科生英汉双语阅读，取得了良好的效果。学校每年向刚入学新生推荐一本好书进行阅读，同学们自主组织、自主出题进行比赛。题目的内容都来自这本大家共同读到的好书。赛后的奖品也是书。“同读一本书”活动能够帮助学生培养阅读习惯、了解中国和世界，为新入学的同学创造共同的话题，增进他们之间的沟通。政府应大力扶持类似这种社会组织发起的阅读推广活动，扶持我国的社会阅读组织机构不断成长壮大，为全民阅读助力。

四、阅读立法与具体实施，合力保障资源分配

均衡城乡阅读资源、营造阅读氛围、推进社会文化建设不仅需要政府和社会组织的努力，也需要法律的支撑。将城乡阅读与全民阅读以立法的形式加以完善，无疑能够使城乡之间的阅读资源分配更有保障，城乡间的阅读氛围更加浓郁，让更多人享受到阅读的权利与益处。

阅读立法涉及多方主体的权利、义务，以及相互关系。公民作为阅读者，理所当然地是这一立法所涉及的主体之一。同时，国家通过立法将全民阅读提升为国家意志，政府也成为立法涉及的主体之一。此外，与全民阅读有关的社会组织，例如学校、图书馆、书店，同样是立法所涉及的主体。合理分配上述不同主体之间的权利义务关系，是阅读立法的目的。发达国家及相关国际组织在阅读推广目的的实现机制上，都采取了以保障公民阅读权利为核心的价值取向，将全民阅读上升为国家战略，规定政府承担主要的责任，并为阅读活动提供强有力的保障。行业组织、企业、媒体等非政府组织在全民阅读推广活动中承担保障和具体实施全民阅读活动的义务，形成了以政府责任为中

心，其他社会组织服务为保障的实施框架，体现出了以阅读主体为本的基本价值取向。①

阅读是人民的基本权益，和教育一样是最基本的文化活动，需要国家的支持与保障。但需要明确的是，法律只是为了更好地兑现公民应该享有的文化权利，是服务而不是强制，是为阅读创造条件。一方面，阅读立法是对保障公民文化权利的呼应，能够保障国家在公共阅读资源上的投入；另一方面，将全民阅读立法，更多是强调政府为保障国民阅读的权利应该做什么，比如怎样解决国民阅读公共资源和设施不足、不均衡的问题，如何保障未成年人的阅读时间和阅读条件等。

五、阅读习惯与能力同抓，注重青少年阅读培养

在高度信息化的时代，知识的机械储存已经不再成为阅读追求的主要目标。但我国青少年的阅读行为仍然背负着“记住知识点”“考高分”等应试教育的枷锁，阅读教育只强调听说读写等输入性的背诵能力培养，忽略主体的阅读参与度，使得青少年仅满足于认知、理解、接收单向度的机械阅读观。这种迫于外部压力而非出于内部动机和需要进行的阅读，使青少年往往不能全身心参与其中，更不能充分享受到阅读带来的乐趣，不利于阅读积极性和主动性的养成。

上述现象正在不断改善，2020 年发布的《第十七次全国国民阅读调查报告》显示，2019 年我国 18 周岁以下未成年人的人均图书阅读量为 10.36 本，较十年前有非常明显的提升。我国未成年人阅读呈现出两个明显特点：第一，亲子阅读越来越受重视。在 0—8 周岁有阅读行

① 赵宸.发达国家全民阅读立法模式研究及对我国的启示[J].南京社会科学，2015(4)：95-100.

为的儿童家庭中,94.3%的家庭平时有陪孩子读书的习惯,远高于2011年的85.9%。第二,有声阅读占比高,增长迅速。未成年人的听书率达到34.7%,比2018年提高8.5个百分点,高于成年国民的听书率(30.3%)。

随着青少年阅读习惯的养成与阅读量的增加,阅读素养与阅读能力的培养就变得尤为重要。重视通过提升阅读能力从而提升学生的思维能力、解决实际问题的能力、反思能力、逻辑能力,并引导他们终身热爱阅读成为青少年阅读工作的重中之重。阅读素养关系到文化素质的健全、思维水平的提高、审美观念的升华及人格品质的完善,在青少年成长过程中的重要性是不言而喻的。因而,对于任何一个国家而言,青少年阅读能力培养都应该成为推进全民阅读的关键领域。

第六章

全民阅读视域下数字阅读指数研究

第一节 构建数字阅读指数的意义

1972年联合国教科文组织提出“走向阅读社会”，呼吁并倡导全民阅读，世界各国积极响应。全民阅读提倡由政府主导，通过民间组织、图书馆、出版社和媒体等相关机构共同联动推广阅读。我国的全民阅读活动始于1982年在上海发起的“振兴中华”读书活动，此后全民阅读活动在全国范围内陆续展开。随着“全民阅读”“建设书香社会”上升为国家战略，如何动态监测和跟踪全民阅读建设进展，掌握开展全民阅读活动的成效以及加强监测管理逐渐成为研究热点。我国专家学者和研究机构开展了大量阅读调查以及阅读指数、书香社会评价指标体系的研究，不同省市近年来也开始将阅读指数、书香社会评价指标体系运用于实际评价工作。但当前我国阅读指数研究对于数字阅读的阐述较少，并且阅读指数的研究大多停留在社会调查层面，缺少对阅读指数构建的理论支撑。在此背景下，对数字阅读指数的构建进行研究，能为全民阅读视域下的数字阅读活动提供评价测量体系和应用对策。

从战略层面来看，2016年国家新闻出版广电总局发布了《全民阅读"十三五"时期发展规划》（以下简称《规划》），《规划》提出要鼓励将全民阅读指数纳入社会发展指标体系，纳入创建文明城市指标体系，并提出十项主要任务之一是"提高数字化阅读的质量和水平"。《规划》中还写道："在充分利用现有设施基础上，统筹建设社区阅读中心、数字农家书屋、公共数字阅读终端等设施。"①从国家政策来看，提升全民阅读环境，加强对数字阅读的规范和引导是推动全民阅读发展的应有之义。

从产业层面来看，《2018—2019中国数字出版产业年度报告》指出，2018年国内数字出版产业整体收入规模为8,330.78亿元②。数字出版产业的发展丰富了公众的阅读方式，革新了传统的阅读习惯，数字阅读已经成为当前人类阅读方式中发展速度迅猛、增长潜力巨大的一部分。在我国如火如荼的"全民阅读"活动中，数字阅读与纸质阅读并驾齐驱，各领风骚。数字出版产业飞速发展，数字阅读内容日益丰富多元，数字阅读设备不断更新，使得数字阅读指数的构建维度更广，层次更多，评价更精准。

从技术层面来看，随着云时代的来临，云计算、云存储等技术迅速发展，大数据从采集、处理、存储到形成结果变得越来越便捷，大数据挖掘在实践应用中逐步产生成效。在此背景下，基于大数据挖掘技术的优势，海量的数据分析为了解全民阅读，尤其是了解数字阅读状况，构建和应用数字阅读指数提供了强大的技术支持。

---

① 《全民阅读"十三五"时期发展规划》发布[EB/OL].(2016-12-27)[2020-11-23].http://www.xinhuanet.com/politics/2016-12/27/c_129421928.htm.

② 2018—2019中国数字出版产业年度报告发布[EB/OL].(2019-08-22)[2020-11-23].http://www.sohu.com/a/335583901_211393.

综合以上对战略、产业以及技术三个层面的分析,未来关于数字阅读指数构建和应用的需求将会增多。

从理论意义上来说,虽然当前我国政府部门、研究机构、企业对阅读指数以及阅读调查有所研究,但是对于数字阅读指数的研究较少,本研究旨在为数字阅读指数的构建和应用提供新的角度和方法。本研究不仅关注社会调查,还从文化社会学、利益相关方等角度构建数字阅读指数,为其构建提供理论依据;同时,为政府评价全民阅读背景下数字阅读工作推广成效、促进全民阅读、增进文化服务、加强对数字阅读的规范和引导,为探索更符合我国全民阅读活动发展现状的数字阅读管理监督机制提供理论参考。

从实际应用意义上来说,数字阅读指数是对数字阅读状况进行综合评分形成的加权平均指数,相比单纯衡量阅读量的方法,内涵更丰富、维度更全面、方法更科学、评价更精准,有助于准确、全面地掌握我国数字阅读活动的现状。数字阅读指数构建的研究,有助于推动全民阅读活动,尤其是推动数字阅读活动的评估走向成熟化和常态化,为提升全民阅读活动的成效提供数据支持和发展范本。研究数字阅读指数还有助于总结全民阅读中的经验,为政府更有的放矢地开展全民阅读活动、改善数字阅读环境、提供完善的公共阅读服务及优质阅读内容推介,对文化教育宣传机构提高知识传播效果等都有重要的参考意义。同时,研究数字阅读指数有助于完善政府数字阅读监管机制,提升文化软实力,促进文化繁荣发展。

第二节 全民阅读与构建数字阅读指数的关系

全民阅读是由政府主导,民间组织、图书馆、出版社和媒体等相关机构共同推进，加之对阅读活动运行和发展有直接影响的现代信息技术及相应设备设施的配合，通过不同层面共同联动形成的阅读推广活动。全民阅读在促进经济文化发展、提高阅读能力和素养、维护社会和谐中发挥着关键的作用，具有重要的战略意义。

数字阅读是信息化发展的必然趋势，在国民阅读方式中占比较大。数字阅读正成为全民阅读中的重要组成部分，引发了国家相关部门的关注。相关政策文件提出：要提高数字化阅读质量和水平，加强对数字阅读的规范和引导。

全民阅读是构建数字阅读指数的背景，同时也为构建数字阅读指数提供了基础和导向。促进全民阅读发展是构建数字阅读指数的目标。全民阅读作为群体保障、政府主导、社会参与的阅读推广活动，具有广泛性、保障性、组织性、导向性和公益性等特点，有很高的社会效益。因此，在构建数字阅读指数的过程中要围绕全民阅读的政策导向和价值导向，充分考虑影响全民阅读推广的各个因素，实现以评促建，推动全民阅读发展。

构建数字阅读指数是推动全民阅读发展的内在要求。国家推进全民阅读有赖于精确全面的调研，不仅需要进行国民阅读调查，还需要形成综合性的阅读指数体系。在数字化发展和阅读习惯改变的双驱动之下，构建数字阅读指数能为评价全民阅读活动开展的成效提供测量体系和应用对策。此外，要发挥数字阅读指数评价指标的导向作用，与时俱进，运用先进的技术载体和理念开展现代化全民阅读活动，提升全民阅读推广工作的质量和水平。

总而言之，构建数字阅读指数的目的是为评价全民阅读推广成效提供测量体系，而全民阅读活动的发展又丰富了数字阅读指数的内容，促进其进一步完善，两者共同促进，共同发展。

第三节　阅读指数应用现状及存在问题

一、阅读指数发布情况

国内对于数字阅读指数的研究较少，但对于阅读指数、阅读调查的关注度和研究数量呈现上升趋势。近年来，在全民阅读推广的进程中，政府部门、研究机构、企业都开展了相关的研究，并推出了不同的阅读指数，如“湖南城市阅读指数”“中国数字阅读城市指数”“深圳阅读指数”“中国青年阅读指数”等。这些指数研究各有侧重、各有特色，都从一定角度反映了全国或各省市阅读活动的开展状况，详情见表6-1。

表6-1　目前国内已经推出的阅读指数

序号	指数/指标体系名称	发布时间/发布单位	一级指标数量	二级指标数量	三级指标数量	一级指标内容
1	湖南城市阅读指数	2011年开始，每年发布。湖南省新闻出版广电局和省统计局联合发布	3	10	22	城市阅读指数、阅读满意度因素、阅读环境因素
2	湖南城市数字阅读指数	2013年，湖南省新闻出版广电局和省统计局联合发布	2	8	19	数字浅阅读指数、数字深阅读指数
3	深圳阅读指数	2014年11月，深圳市阅读联合会承办，深圳大学传媒与文化发展研究中心推出	3	23	46	阅读设施与资源、阅读支持与保障、阅读行为与认知
4	北京市全民阅读指数	2013年12月，市新闻出版研究中心、北京市统计局和华商传媒研究所研发	4	不详	40+	阅读条件、阅读理念、阅读行为、阅读服务

续表

序号	指数/指标体系名称	发布时间/发布单位	一级指标数量	二级指标数量	三级指标数量	一级指标内容
5	中国数字阅读城市指数	2016年起，在每年4月上旬召开的中国数字阅读大会上发布。中国音像与数字出版协会、浙江省新闻出版广电局等编制	5	不详	不详	数字阅读渗透率、人均图书浏览量、人均付费数、人均阅读天数、人均在读数字阅读图书本数、学习者对数字化学习环境的满意度
6	中国青年阅读指数	2017年4月，“中国青年阅读指数”在第三届“中国数字阅读大会”上首度发布。每年发布5—6期。中国青年出版社、大数据公司数联铭品(BBD)等单位编制	2	不详	不详	中国青年阅读需求指数、中国青年阅读供给指数
7	广东省全民阅读指数	2017年12月1日广东省全民阅读工作会议上首次发布。广东省委宣传部指导，《南方都市报》编制	3	9	36	阅读条件与保障、阅读行为、阅读理念
8	中国阅读指数	2018年4月首次发布，中国新闻出版研究院编制	2	25	0	个人阅读状况、公共阅读设施与服务
9	城市阅读指数	2018年4月23日，《光明日报》、腾讯公司、京东集团联合发布	5	不详	不详	图书销量、销量增长量、在线阅读时长、在线阅读人数、付费阅读数
10	中国城市数字阅读指数	2018年12月，龙源期刊网与中国新闻出版研究院国民阅读与促进研究中心联合发布	8	不详	不详	人文阅读、国学阅读、文明阅读、党政阅读、普法阅读、科普阅读、健康阅读、综合阅读

2011年湖南省率先发布全省城市阅读指数调查报告，初步构建了城市阅读指数，并在实践过程中不断完善修改，形成了相对稳定的指标体系。2013年湖南省在数字时代背景下积极创新探索，构建出湖南城市数字阅读指数，该阅读指数将数字浅阅读指数和数字深阅读指数作为一级指标，并设立了8个二级指标和19个三级指标。

深圳市作为迄今唯一获得联合国教科文组织授予的“全球全民阅读典范城市”荣誉称号的城市，在推广书籍和阅读方面做出了诸多努力。2014 年深圳读书月组委会委托深圳大学传媒与文化发展研究中心在市宣传文化基金的资助下推出"深圳阅读指数"。它由政府为阅读所投入的基本环境条件建设年度动态比较数据和当年市民实际阅读情况调查数据两部分构成。

北京市全民阅读指数旨在全面关注北京市全民阅读活动全流程的质量和效果,同时关注各区县之间全民阅读工作的特点和差异。该指标分为阅读条件、阅读理念、阅读行为、阅读服务四大版块,共 40 余个测量指标。①

中国数字阅读城市指数由数字阅读渗透率、人均图书浏览量、人均付费数、人均阅读天数、人均在读数字阅读图书本数五大指标组成。中国数字阅读大会每年会根据数字阅读城市指数的统计结果发布年度中国数字阅读城市榜单,评选出十佳数字阅读城市。

中国青年阅读指数通过抓取中国青年群体在各类阅读渠道的阅读行为数据进行分析,从中找出青年人的阅读偏好,再将不同时期的阅读偏好进行拆分,从而发现青年人阅读偏好的变化趋势。该指数由中国青年阅读需求指数和中国青年阅读供给指数构成。②

2017 年 12 月 1 日,在广东省全民阅读工作会议上《广东省全民阅读指数(2017)》正式发布。除了比较广东省各市的总体阅读指数状况之外,该阅读指数还根据 3 个一级指标分别设立了"阅读条件与保障指数""阅读行为指数""阅读理念指数"三个分榜,以此观察不同概念

---

① 北京市全民阅读综合评估指标体系工作进展情况[EB/OL].(2016-12-27)[2020-11-08].http://www.bookdao.com/article/74819/.

② 钟清.大数据捕捉青年阅读偏好及内容供需　中国青年出版总社、BBD 联合研发"中国青年阅读指数"[J].出版参考,2017(5):78-79.

下各个地区的表现。①

2018 年 4 月 18 日,中国新闻出版研究院首次发布中国阅读指数。该指数从个人阅读状况和公共阅读设施与服务两个方面进行评价。②

2018 年 4 月 23 日,在第 23 个“世界读书日”到来之际,《光明日报》、腾讯公司、京东集团联合发布《从阅读指数看城市气质》报告,全方位、多维度呈现了不同城市读者的阅读状况及城市气质。③

中国城市数字阅读指数是我国首个以倡导政策导向阅读、主流价值阅读为宗旨的指数排行,由人文阅读、国学阅读、文明阅读等 8 个不同的内容指标构成,为实现“全民阅读”提供导向引领的作用。④

二、阅读指数特点分析

1.指标数量设置不均衡,指标内容差异性和共性并存

指标设置上主要是从指标数量、指标核心内容两个方面进行比较。

从指标数量上看,在上述指标体系中,一级指标数量主要分布在 2 到 8 个之间,其中含有 2、3、5 个一级指标的指标体系数量较多,可见对于全民阅读评价指标体系而言,一级指标的数量相对合理。上述阅

---

① 《广东省全民阅读指数(2018)》发布　河源清远进步明显[EB/OL].(2019-04-22)[2020-11-08].http://www.hyrtv.cn/a/2019-04-22/232777.html.

② 我国阅读指数首次发布人均纸书阅读量为 4.66 本[EB/OL].(2018-04-23)[2020-12-07].http://baijiahao.baidu.com/s?id=1598501851366366812&wfr=spider&for=pc.

③ 全国首份“从阅读指数看城市气质”大数据报告发布[EB/OL].(2018-04-23).https://news.qq.com/a/20180423/035370.htm.

④ “2018 城市数字阅读指数 TOP100”发布　京沪深杭数字阅读领跑全国[EB/OL].(2019-01-08)[2021-03-04].http://finance.people.com.cn/n1/2019/0108/c1004-30510175.html.

读指数指标总数量均未超过100，相较于其他相关指标体系数量而言比较适中，但也存在部分体系指标数量较少，导致核心内容较少或缺失的问题。指标数量过多，数据统计和分析难度大；数据过少，不能全面反映全民阅读的实施效果。因此，指标数量应该适中，既不能只求全求大，也不能太过简单。

从指标内容上看，各个不同阅读指数的指标内容差异性和共性并存。如湖南城市阅读指数指标体系分为城市阅读指数、阅读满意度因素、阅读环境因素三个部分；湖南城市数字阅读指数则对数字浅阅读和深阅读分别进行统计和考量；中国数字阅读城市指数侧重对数字阅读渗透率、数字阅读行为的统计；中国青年阅读指数将调查对象聚焦于青少年阅读；城市阅读指数则基于《光明日报》、腾讯、京东三大平台的海量数据资源，对图书销量、销售增长量、在线阅读时长、在线阅读人数、付费阅读数进行统计分析；中国城市数字阅读指数则突出阅读导向，按照阅读内容进行指标划分……其他指标体系在具体指标上存在不同，但在一级指标内容上存在共性，这些共性指标可以总结概括为阅读设施与资源、阅读保障与条件、阅读服务、阅读成效和阅读行为。

2.数据采集方法多样，大数据技术助力精确化统计

指标体系中应用的数据采集方法主要包括文献分析法、调研法、问卷调查法等。阅读设施和资源基本建设统计数据、财政拨款和阅读政策数量等数据则主要通过二手资料查阅获取。居民阅读成效、个人阅读行为数据等主要通过问卷调查获取。随着互联网和大数据技术的发展，数据采集便捷化、数据范围全面化、数据监控实时化、数据统计精确化，为全民阅读评价，尤其是为数字阅读评价提供了强大的技

术支持。湖南省早在 2011 年就通过“CATI 居民电话调查”方式对居民进行访问调查,并由湖南省统计局、湖南省新闻出版局和北京开卷信息技术有限公司提供和收集二手资料数据。中国青年阅读指数通过大数据技术抓取、分析中国青年群体在各类阅读渠道的阅读行为数据。[①] 中国城市数字阅读指数则充分利用其在大数据方面的优势,对 PC、手机、智能大屏等多种终端和授权龙源合作的书刊报、音视频的付费阅读数据、浏览阅读数据进行分析,有助于了解城市数字阅读状况。

3.应用情况差异较大,后续跟进程度较差

上述阅读指标体系的应用在可操作性、数据获取难易程度、影响力和实践应用上差异较大。湖南省、深圳市、北京市阅读指数影响力较大,可操作性普遍较好,大多已应用于实践。中国阅读指数以 16 次全国国民阅读调查为基础,确保其数据采集及统计结果的科学性和权威性。相比而言,其他阅读指数发布后较少用于实践,更多是起到行业研究与导向的作用。另外,从开展评价和获取评价结果来看,后期实践工作的跟进度以及持续度普遍较低,评估工作的透明度有待提高。深圳市公布了 2014 年、2015 年的城市阅读指数,2016 年的却未发布。其中,中国数字阅读城市指数、湖南省城市阅读指数和中国青年阅读指数的跟进度和持续度较好。湖南城市阅读指数自 2011 年发布之后每年对全省 14 个市州进行考核,并通过《湖南与阅读》一书和媒体报道对阅读指数的评价结果进行比较分析。深圳阅读指数、中国青年阅读指数、中国数字阅读城市指数以论文的形式刊载在专业期刊上,其他阅读指数是以新闻报道的形式发布,系统性和深入性有待加强。

① 钟清.中青社、BBD 联合研发“中国青年阅读指数”[N].中国出版传媒商报,2017-04-21(13).

三、现有阅读指数存在的问题

1.缺少全国普遍适用的阅读指数

当前,我国已有的全国性阅读指数发布时间较晚,内容种类繁多,且侧重点各不相同,指标体系的操作性有待加强。各省市构建的地区性阅读指数发布时间早,延续性较长,在实践过程中不断得到修订和完善因而较为成熟和规范,并且各省市地区建立的指标体系具有明显的地域特征。各省市构建的指标体系在一定程度上有利于了解和反映本地区的阅读状况,有利于推动各地区开展具有地域特色的全民阅读活动,从而创新全民阅读活动的内容与形式。但这种极具地域特征的指标体系也存在一定的局限性。从宏观层面上来看,各省市在构建全民阅读评价指标体系时缺乏统一的规划和标准,各行其是,难以形成规范的评价体系,同时也不利于各省市之间进行横向对比。从微观层面来看,带有地域特征的指标兼容性不足,难以进行多维度、深层次的比较。在数据采集过程中难以进行统一的调查活动,资源配置效率低,造成人力、物力等方面的资源浪费。因此,从我国当前阅读指数的构建现状来看,亟须建立操作性强、全国普遍适用的阅读指数。构建具有普适性意义的指标体系不是完全摒弃各地区的区域性特征,而是要在保证区域性特征的前提下,实现指标体系的规范性和统一性。

2. 指标体系的建立缺少理论基础

已有的全民阅读评价指标体系在构建过程中大多参考相关的阅读调查、早期发布的评价指标体系、相关政策文件和调研等,缺乏相应的理论基础。例如湖南城市阅读指数、深圳阅读指数和北京市全民阅读指数的构建是建立在专家论证和社会调查的基础上。参考、借鉴相关政策文件、专家意见和社会调查是构建指标体系不可或缺的一部分，在一定程度上保证了评价体系的科学性和可行性。如果在此基础上增加理论支撑，厘清全民阅读活动各要素之间的作用机制，将更有利于对全民阅读评价指标体系进行深入的系统剖析。

3.指标设置有待完善

现有指标体系大多采用层级结构，即从上而下设置不同级别的指标。当前部分指标设置存在以下问题：第一，指标数量设置不合理。指标数量设置过多，数据统计和分析难度大；数据过少，不能全面反映全民阅读的实施效果。在对上述指标体系的数量进行分析时发现，部分指标体系数量较少，导致核心内容较少或缺失。第二，同一指标在不同的指标体系内的类别不同。例如湖南城市阅读指数将“举办公共阅读活动数量”设立在“阅读环境因素”之下，“书香城市”建设考评指标体系模型则将“阅读活动组织数量”设置在“阅读支持与保障”之下，如何对该指标进行归类还有待统一。第三，同一指标体系中出现指标重复。在湖南城市阅读指数指标体系中，二级指标“阅读资源使用”下设置了两个“关注”指标，存在重复的现象。第四，指标存在主观评价的问题。在湖南城市阅读指数指标体系中，二级指标“阅读意识”下设置了二个“积极”指标，其指标说明分别为：会积极主动地进行阅读、会抽出较为完整的时间专门用来阅读、如果最近没有阅读会有紧迫感，这种主观性很强的指标很难对其进行科学可量的评估。

4.指标体系中缺少对数字阅读的考核

当前出现了一些关于数字阅读指数的指标体系，如中国数字阅读城市指数、湖南城市数字阅读指数、中国城市数字阅读指数等，这些指标体系大部分都是近年开始发布的,具有很大的发展空间。其他指标体系中关于数字阅读指标的较少,有的甚至未有提及。深圳阅读指数统计了每周数字化阅读率和每年阅读电子图书数量。北京市全民阅读指数统计了居民数字阅读率、数字阅读日均阅读时长、数字出版物的内容品质评价等内容。广东省全民阅读指数涉及电子阅读率、电子读物日均阅读时长、电子阅读行为和消费倾向、手机阅读用户数、手机阅读流量增长率和听书率等。数字阅读已经成为全民阅读中的重要组成部分,随着数字阅读形式的丰富和发展,可以从更多层面和维度对数字阅读进行考核。

第四节　数字阅读指数内容结构模型的构建

一、数字阅读指数内容结构的理论基础

数字阅读指数指标的合理选择离不开必要的理论支撑。本研究通过文献分析各学科在阅读中的移植情况,选取了利益相关者理论和布迪厄文化社会学理论作为构建数字阅读指数内容结构的理论基础。

1.利益相关者理论

弗里曼在 1984 年发表的著作《战略管理:利益相关者管理的分析方法》中认为,“利益相关者”是能够影响一个组织目标的实现,或

者受到一个组织实现其目标过程影响的个人或群体。[①] 随着利益相关者理论的发展,其应用范围也延伸到图书馆及阅读推广等相关领域。我国全民阅读战略的组织、实施、运作和评价涉及了政府、图书馆、出版企业、研究机构、阅读推广组织、社区以及居民个人等多领域多层级的组织和个人。因此,在构建数字阅读指标体系的过程中,要综合考量各利益相关者在数字阅读活动中的作用机制,丰富和完善数字阅读指标体系中的要素和指标,为其多层次、全方位评价提供理论基础。

2.布迪厄文化社会学理论

数字阅读作为一项同时具有社会属性和文化属性的实践活动,与文化社会学有着天然的耦合性。布迪厄的文化社会学理论以惯习理论、文化资本理论和场域理论三个理论工具进行实践研究。惯习理论反映的是主体自身的倾向,是主体行为的内动力;文化资本理论反映了文化资本的基本形态;场域理论体现客观关系所构成的相对独立空间。[②] 将这三个理论对应到全民阅读背景下的数字阅读即形成了三个基本要素——阅读行为、阅读资源和阅读环境,这三个基本要素不仅构成了数字阅读个体阅读的发展形态,也构成了数字阅读社会群体阅读的发展逻辑。因此,在构建数字阅读指数的评价指标时,可以以阅读行为、阅读资源和阅读环境三个基本要素为立足点,对评价指标进行细化、体系化。文化社会学理论与数字阅读联系框架如图 6-1 所示。

---

① 杜宗明.基于利益相关者视角的图书馆阅读推广研究[J].大学图书情报学刊,2017(5):3-6,11.

② 郎玉林.布迪厄场域理论在全民阅读发展中的引入与思考[J].图书馆工作与研究,2018(10):38-41,100.

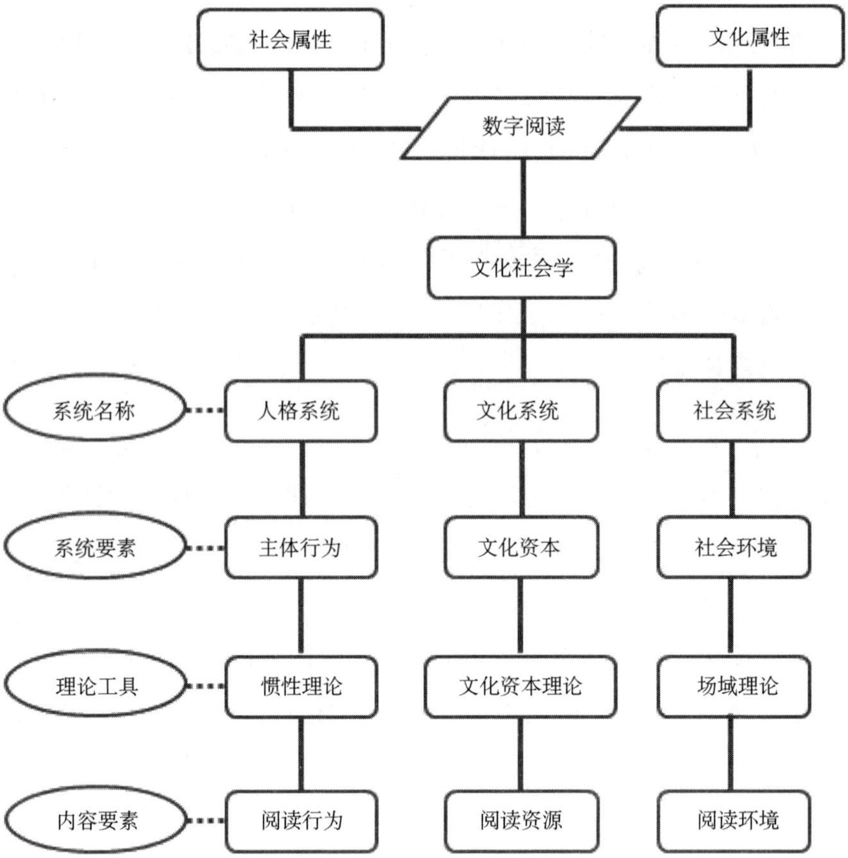

图 6-1　文化社会学理论与数字阅读联系框架

二、阅读指数内容结构研究

当前已构建的数字阅读指数虽寥寥无几，但是出现了阅读指数、书香社会评价指标体系等相关指标体系。在构建数字阅读指数内容结构模型之前应当先了解当前相关指标体系的内容结构，本文选取了24个指标体系（名称见表6-2）进行研究，以期为后续构建数字阅读指数提供相关参考。阅读指数内容结构研究主要体现在两个方面：一是对阅读指数、书香社会评价指标体系等相关体系内容结构进行梳理；二是对阅读指数、书香社会评价指标体系等相关指标体系中的数字阅读相关指标进行梳理。

表 6-2　阅读指数、书香社会评价指标体系等相关指标体系

湖南城市阅读指数指标体系	张家港市“书香城市”指标体系（试行）
湖南城市数字阅读指数	北京市全民阅读综合评估指标体系
苏州市“书香苏州”建设指标体系	深圳阅读指数指标评价体系
武汉市全民阅读综合评价指标体系（试行）	中国数字阅读城市指数
西安市书香社会综合评价指标体系	中国青年阅读指数
广东省全民阅读指数	《江苏省书香城市建设指标体系》（征求意见稿）
中国阅读指数	城市阅读指数
中国城市数字阅读指数	“书香城市”建设考评指标体系模型
河北省农村公共阅读服务评价指标体系	书香城市（县级）标准指标体系
书香社区标准指标体系	公共阅读服务评价指标体系
书香社会综合指标体系	全民阅读学习型社会构建指标体系
数字化学习型城市评价指标体系	多维集成视角下全民阅读评估标准体系

注：除阅读指数之外，书香社会评价指标体系、公共阅读服务指标体系、学习型社会评价指标等指标体系也具有一定的参考价值，因此将其纳入本研究范围内。

1.内容结构要素的梳理

对上述 24 个阅读指数等相关指标体系的核心指标内容进行分类统计，统计结果如图 6-2 所示。

从上述表格可以看出，阅读设施与资源、阅读保障与条件、阅读服务、阅读行为、阅读成效、阅读环境六个指标在指标体系中出现频次较

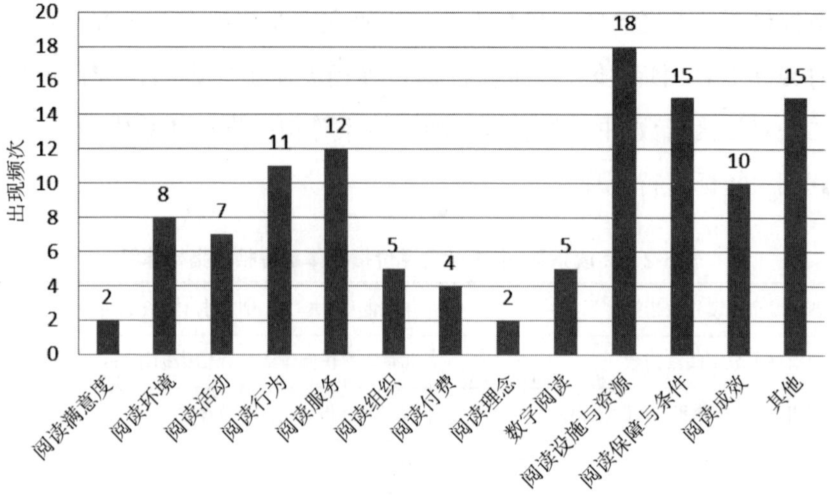

图 6-2 核心指标内容出现频次

高,得到了大多数研究机构和专家学者的重视。我们对阅读指数、书香社会评价指标体系等相关指标体系的具体指标进行分析,得出阅读指数内容结构要素,具体内容如表 6-3 所示:

表 6-3 阅读指数内容结构要素

核心指标	内容结构要素
阅读设施与资源	阅读场所建设、文化资源、网络通信设施、资金投入
阅读保障与条件	立法保障、政策保障、组织保障、媒体支持、资金保障、阅读活动、阅读推广
阅读服务	阅读服务满意度、公共阅读设施免费开放时间
阅读行为	阅读量、阅读消费、阅读频率、阅读时长、阅读丰富度、阅读活动参与率、阅读认知、阅读满意度
阅读成效	阅读量、综合阅读率、阅读素养、阅读设施利用、市民满意度、数字阅读率、活动参与率
阅读环境	政策环境、阅读宣传、产权保障、环境质量、阅读设施开放时间

通过对表 6-3 的内容分析可以发现,阅读设施与资源部分的内容

侧重阅读场所建设、文化资源、网络通信设施、资金投入等方面，其中阅读设施主要包括两类，一类是公益性公共文化服务机构，如公共图书馆(部分含电子阅览室)、学校图书馆、农家书屋等，另一类是书店、报刊亭等经营性阅读设施。对于数字阅读而言还需要Wi-Fi等网络通信设施。文化资源包含数字阅读资源、内容资源、特色数字资源等。阅读保障与条件主要包括立法保障、政策保障、资金保障、组织保障、媒体支持等。组织保障则包括政府指导机构、阅读专家、阅读推广人员、阅读组织、阅读机构等多元主体的保障。部分指标体系还在阅读活动中单独设立品牌阅读活动，以此彰显阅读活动不但要办，还要办好的理念，形成品牌认知度。阅读服务主要涉及阅读服务满意度以及公共阅读设施免费开放时间。阅读行为则带有明显的个人特征，主要通过阅读量、阅读消费、阅读频率、阅读时长、阅读丰富度、阅读活动参与率、阅读认知、阅读满意度等内容进行评价。阅读成效主要是通过阅读量、综合阅读率等一系列数据来反映阅读活动取得的效果，并且注重市民对阅读满意度的评价。阅读环境主要包括阅读活动、政策环境、阅读宣传、产权保护、环境质量、阅读设施开放时间等要素。

各核心指标都有其相应的内容结构要素，同时核心指标之间的内容结构要素存在部分交叉重复的现象。例如，阅读设施与资源、阅读保障与条件两项核心指标的内容要素中都涉及资金投入。阅读服务与阅读行为中的阅读满意度有重合，可合并成阅读行为中的阅读满意度。阅读成效中的要素与阅读行为中的要素也存在大量重合。这些现象说明部分内容结构的要素划分还不明确，需要根据一定的标准重新进行归类整合。

由于本研究注重对数字阅读指数的构建，因此，除了梳理、总结阅读指数内容的结构要素外，还有必要对阅读指数中数字阅读的相关指标和数字阅读的特征进行分析,以便为构建数字阅读指数的内容结构模型提供理论基础。

2.数字阅读相关指标的梳理

上述24个指标体系中有3个是数字阅读指数,分别为中国数字阅读城市指数、湖南城市数字阅读指数和中国城市数字阅读指数。湖南城市数字阅读指数则将数字阅读指数分为数字浅阅读指数和数字深阅读指数,两个分指数之间都侧重对阅读认知、阅读花费、阅读行为的考量,不同在于数字浅阅读指数主要反映通过电子阅读设备,进行报纸、网页等阅读的数字浅阅读行为,而数字深阅读指数主要通过数字深阅读行为、设备使用、态度、重要性等因素进行衡量。中国数字阅读城市指数主要对数字阅读行为进行考察,从数字阅读渗透率、人均图书浏览量、人均付费数、人均阅读天数、人均在读数字阅读图书本数、学习者对数字化学习环境的满意度六个方面进行衡量。中国城市数字阅读指数包括人文阅读、国学阅读、文明阅读、党政阅读、普法阅读、科普阅读、健康阅读、综合阅读八个指标。

除数字阅读指数之外,其他阅读指数、书香社会评价指标体系等相关体系中的部分指标对数字阅读有所涉及,具体情况如表6-4所示:

表6-4 指标体系中数字阅读相关指标梳理

指标体系名称	数字阅读相关指标
深圳阅读指数	馆藏电子图书(含有声图书)种类
	平均每天数字化阅读时长
	每周数字化阅读率
	每年阅读电子图书数量

续表

指标体系名称	数字阅读相关指标
西安市书香社会综合评价指标体系	网络阅读平台/移动阅读平台
	公共图书馆可用数字资源
	网络阅读平台访问量/移动阅读平台访问量
苏州市"书香苏州"建设指标体系	"苏州记忆"数据库资源
	多媒体阅报亭
	市民数字化阅读率
公共阅读服务评价指标体系	公共电子阅览室设置率
	居民阅读状况-电子图书阅读量
武汉市全民阅读综合评价指标体系(试行)	电子阅读平台
	电子阅读资源
	电子阅读设备
	Wi-Fi 覆盖
中国阅读指数	每天手机、互联网、微信阅读时长
	阅读电子书本数

通过对上述数字阅读相关指标的梳理可以发现，指标体系中的数字阅读相关指标一般都设置为三级或者四级指标，内容较为细化且数量较少，主要指标内容包括数字阅读资源数量、数字阅读设备设施情况、数字阅读时长、数字化阅读率、阅读电子图书(有声书)数量等。虽然当前阅读指数中与数字阅读相关的指标较少，但对于构建数字阅读指数仍具有一定的参考价值。

三、数字阅读特征分析

近年来,随着互联网和信息技术的飞速发展,阅读的方式和手段发生了巨大变化。数字阅读作为阅读的一种新形态,掀起了阅读领域一场前所未有的变革。第十六次全国国民阅读调查显示,2018 年我国成年国民综合阅读率为 80.8%,数字化阅读方式的接触率为76.2%。[①]数字阅读快速融入全民阅读的浪潮中,影响着人们的阅读方式。对数字阅读这一阅读新形态的特征进行分析,能够为数字阅读指数的构建提供理论支撑以及实践指导。通过查阅与数字阅读特征相关的文献,并对这些文献进行分析归纳,发现数字阅读在以下几个方面表现出较为鲜明的特征:

1.数字阅读内容扩大化

数字阅读内容主要依靠计算机等相关设备以二进制的形式存储、阅览,数字阅读的内容不仅包括纸质书刊中的基本元素——文字、图形、图片,还包括了声音、视频、动画、超链接等元素,可被一体化传播,能够给读者带来全方位的视听享受。与此同时,数字时代出现了大量“短”“微”作品,数字阅读内容的袖珍化成为一种不可忽视的现象。网络为数字阅读的读者提供了海量的阅读资源,读者可以根据自己的阅读偏好和阅读需求,选择特定的内容,进行创造性阅读。数字阅读内容质量的高低、获取的便捷程度、呈现方式的好坏都会影响读者的阅读消费意愿以及阅读满意程度。需要注意的是,当前数字阅读内容

① 第十六次全国国民阅读调查结果公布[EB/OL].(2019-04-21)[2021-03-05].http://culture.people.com.cn/n1/2019/0421/c1013-31041115.html.

冗杂,且内容质量参差不齐,若不加以甄别和正确引导,不仅会导致读者时间和注意力的浪费,还可能会导致思想上的混乱。因此,更加应该注重数字阅读过程中的阅读内容引导,让大众读到更多具有正确出版导向、健康价值取向和文化品位的内容。

2.数字阅读媒介多元化

从阅读媒介来看,数字阅读的载体、终端设备具有多元性。随着网络和信息技术的不断发展进步,个人电脑、平板电脑、智能手机、电子阅读器等阅读设备的出现,使得现代的阅读载体早已不限于纸本。数字阅读内容在不同的终端间具有较高兼容性,能够呈现图文影音等多媒体、超文本内容,体积小、携带方便,同时具有强大的搜索、导航、链接和交互能力。

根据第 48 次《中国互联网络发展状况统计报告》,截至 2021 年 6 月,我国网民规模达 10.11 亿,互联网普及率达 71.6%,我国手机网民规模达 10.07 亿。[①] 阅读载体的变化给人们提供了多种方式的阅读,改变了人们的阅读习惯。《数字阅读时代国民阅读行为嬗变研究》一文认为,阅读媒介的改变会影响媒介的使用率、使用频率、使用时长以及数字阅读付费行为。[②] 同时,由于使用数字阅读媒介进行数字阅读需要一定的网络通信设施作为硬件支撑,因此还需要注重 Wi-Fi、局域网等网络基础设施建设。

3.数字阅读方式立体化

以纸张为载体的传统阅读是一种平面化的阅读,文字、图形、图片

---

① 第 48 次《中国互联网络发展状况统计报告》[R/OL].(2021-08-27)[2021-10-18].http://www.cnnic.cn/hlwfzyj/hlwxzbg/hlwtjbg/202109/t202109015_71543.html.

② 李新祥.数字时代我国国民阅读行为嬗变及对策研究[D].武汉:武汉大学,2013.

都是在平面的纸张上呈现的,主要对视觉产生刺激。而数字阅读集文字、图形、音频、视频于一体,刺激了视觉、听觉、触觉等多种感官。西方传播学巨匠麦克卢汉从媒介的角度提出了"重新部落化"的思想。在数字时代来临之后,人们不能只专精一门,人们的感知系统不再只偏重视觉,人们认识世界的方式不再只偏重视觉、文字和线性结构,[①]而是利用多种感官,更全面地感受外部世界,此时人们经历了一个更高层次的"重新部落化"的过程。通过此思想可以看出,纸质平面阅读在向数字阅读的立体化方向转变。在这种变化之下,可以将传统阅读和数字阅读结合起来,将传统平面阅读成果予以充分整合,并且融合声音、影像等多种展示方式,充分发挥纸质阅读和数字阅读的优势,更好地满足大众的阅读需求。

4.数字阅读环境多样化

阅读活动是在一定的环境下展开的。阅读环境有个人环境、社会环境和制度环境之分。对于数字阅读而言,阅读的场景会更加多样化,人们在图书馆、公司、学校以及地铁中都可以随时随地进行数字阅读。公共图书馆、农家书屋、社区、学校等场所数字阅览室的开放,能为有特殊数字阅读需求以及偏远地区的人们提供良好的数字阅读环境。

社会环境、制度环境和个人数字阅读环境紧密相关。全民阅读相关法律法规的出台,国家相关行政机构、阅读组织、阅读专家、推广人员、媒体共同助力形成良好的社会阅读氛围,从而潜移默化地影响着社会中的每个个体。

同时数字阅读市场环境也需要进行管理和规范。数字出版产品

① 马梅.世界传播技术发展背景下电视的生存空间分析[J].江淮论坛,2011(3):136-141.

的版权一定程度上依靠数字技术进行保护，随着数字技术的发展，数字版权保护的壁垒很容易被打破，造成数字阅读市场出现盗版现象。为规范数字阅读市场，打击盗版行为，一方面需要不断提高数字版权保护技术，提升版权保护意识；另一方面也需要出台加强数字出版物生产管理、知识产权保护的政策措施，为数字阅读内容生产、传播、使用提供良好的生态环境。

四、数字阅读指数内容模型构建

结合数字阅读指数内容结构的理论基础，对阅读指数内容结构的梳理以及数字阅读特征的分析，将阅读设施与资源、阅读保障与条件、阅读服务、阅读行为、阅读成效、阅读环境等指标及其内容结构要素进行整合归纳，形成了数字阅读行为、数字阅读环境、数字阅读资源三个核心内容，初步得到了数字阅读指数内容结构模型，如图 6-3 所示。

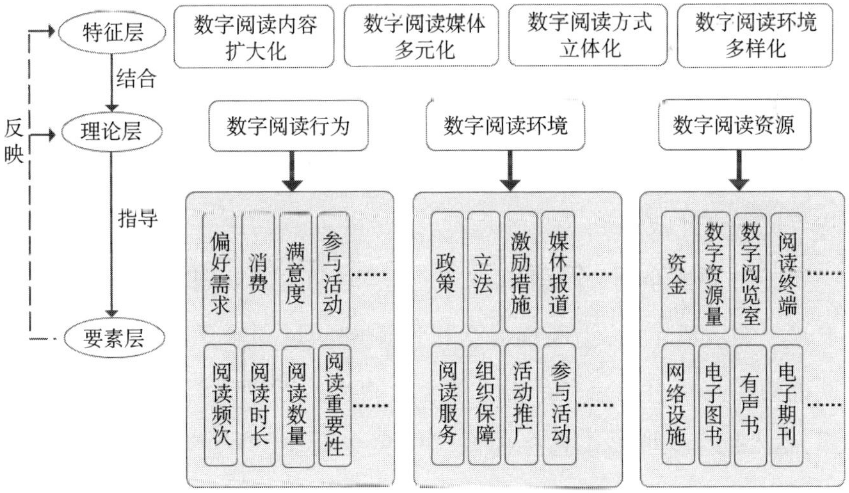

图 6-3　数字阅读指数内容结构模型

如图6-3所示,特征层与理论层相结合为要素层提供指导,要素层的内容要能反映特征层和理论层的内涵。数字阅读行为的内容结构要素包含影响阅读行为的因素以及能用数字表征数字阅读行为的要素,其要素包括数字阅读主体的偏好需求、消费、满意度、参与活动、阅读频次、阅读时长、阅读数量以及阅读重要性;数字阅读环境可以划分为政策、立法、激励措施、媒体报道、阅读服务、组织保障、活动推广、参与活动;数字阅读资源包括资金、数字资源量、数字阅览室、阅读终端、网络设施建设、电子图书、有声书、电子期刊等。

第五节　数字阅读指数的构建

一、数字阅读指数构建指导思想、构建原则与构建步骤

1.构建数字阅读指数的指导思想

贯彻落实习近平新时代中国特色社会主义思想、党的十九大以及《关于加快构建现代公共文化服务体系的意见》精神,体现党和国家有关倡导全民阅读,建设书香社会,逐步推进基本公共文化服务标准化、均等化的方针政策。

2016年发布的《全民阅读"十三五"时期发展规划》提出:"要充分发挥引领示范作用,不断提升全民阅读的质量和水平,加强对数字化阅读的规范和引导。""要鼓励将全民阅读指数纳入社会发展指标体系,纳入创建文明城市指标体系。"中央文明委《关于深化群众性精神文明创建活动的指导意见》(2017年4月),要求"要坚持用社会主义

核心价值观引领群众性精神文明创建活动，重点抓好理想信念教育、爱国主义教育、公民道德建设、弘扬中华优秀传统文化、诚信建设、建设社会主义法治文化、发挥先进典型示范引领作用等方面的工作”。2017 年 6 月《全民阅读促进条例（草案）》正式实施，文件提出要加强数字化阅读平台建设，逐步建立健全阅读资源共建共享机制。2018 年 8 月 21 日召开的全国宣传思想工作会议要求：“坚持用新时代中国特色社会主义思想武装全党、教育人民，坚持培育和践行社会主义核心价值观。”

本研究中的数字阅读指数是根据上述党和国家的一系列政策导向为依据，以促进优质阅读内容供给、阅读方向引领为宗旨进行指标体系顶层设计的，以期为各地了解数字阅读现状，评价全民阅读活动成效提供参考。

2.数字阅读指数的构建原则

第一，导向性原则。

对于一个人而言，阅读能力的高低直接影响了个人的修养和境界。对于一个国家和民族而言，国民阅读能力和全民阅读率的高低则直接影响到国家文化软实力、综合国力以及国民文化自信的强弱。与传统阅读相比，数字阅读内容更丰富、媒介更多元、信息更为多样和复杂。要强调数字传媒语境下阅读推广的正向引导，扬长避短，让数字阅读成为撬动全民阅读的一个支点，推动数字阅读和传统阅读互为补充，共同发展。因此，在构建数字阅读指数的过程中要坚持正确的价值导向，把好内容关，帮助国民提高阅读能力，掌握需要的知识和信息。

第二,目标性原则。

数字阅读指数的构建最终要能够反映全民阅读背景下数字阅读的现状,为政府评价全民阅读视域下数字阅读推广成效,加强对数字阅读的规范和引导,探索更符合我国全民阅读活动发展现状的数字阅读管理监督机制提供理论参考。明确评价目标,合理界定数字阅读指数,在指标设计上凸显数字阅读评价的特色,更好地实现以评促建。

第三,精简性和全面性原则。

在设计指标时,精简性和全面性是相互补充、缺一不可的两个原则。评价的目的是对评价对象做综合、全面的考察。但是这种考察不能兼顾每一个细节、面面俱到。针对全民阅读视域下数字阅读的评价不可能对所有内容进行考评,必须选择具有代表性和典型性,能够反映数字阅读推广成效的指标。对于数字阅读指数指标的构建,精简化是将数字阅读各个方面精选化、精华化的过程,而全面性是将具体系化、系统化的过程。指标构建的全面性不是包含所有细节的全面性,而是宏观上的全面性,包含了数字阅读评价的各个维度、各个层面。

第四,客观性原则。

数字阅读指数的构建要符合数字阅读的发展规律,要符合全民阅读和数字阅读的发展目标、任务,要结合政府、图书馆、出版企业、研究机构、阅读推广组织、社区以及居民个人的实际情况,借鉴相关阅读调查与研究,坚持实事求是的态度,使各指标更具有客观性,从而达到评价的目的。

第五,定量与定性相结合原则。

评价体系的构建是一个系统性、复杂性的工程。在诸多指标中,将一些可操作的指标进行量化能够直观地表现测评结果,部分定性指标虽然难以用具体数值来表征,但对于研究事物属性具有巨大作用,因此，完全的定性或者完全的定量都不能反映数字阅读的现状，需要坚持定量与定性相结合的原则。将定性指标量化是定性指标与定量指标相结合的关键步骤，可以采取参照国家及行业相关量化标准、专家打分、确定量化等级及对应权重的方法。定量和定性相结合的评价办法是评价一些难以直观衡量的对象的有效方法，能够确保评价的合理性和全面性。

第六，可操作性原则。

在构建数字阅读指数时，指标的选取要从实际出发，政府等相关管理部门在对全民阅读背景下的数字阅读进行评价时要有可操作性，将评价从理论延伸到实践，再延伸到提升评价效率。评价指标的可操作性包括资料的易得性、真实性，选取指标的可量化性，数据统计的方便性，指标定义，范围的确定等方面。遵循可操作性原则，使评价指标在实际应用过程中便于操作、便于考核，使评价结果准确并贴近实际。

3.数字阅读指数的构建步骤

构建合理且具有可操作性的数字阅读指数是评价全民阅读背景下数字阅读活动成效的基本前提和关键所在。为保障评价目标的实现，本研究将指标体系由上到下依次分解为目标层、准则层和方案层。结合文化社会学等相关理论和对阅读指数内容结构进行分析，构建出包含三级指标的数字阅读指数。具体的构建步骤如图 6-4 所示，步骤如下：

第一，基础研究。基于阅读指数研究概况的分析与理论研究，重点围绕数字阅读指数的内涵和指标特点，确定构建指标体系的逻辑框架和构建原则。

第二，数字阅读指数指标初选。在遵循数字阅读指数构建原则的基础之上，借鉴相关学科理论和阅读指数、书香社会评价等相关文献，确定各评价要素，初步筛选出能衡量评价要素的指标。

第三，数字阅读指数指标优化。指标的优化主要是采取德尔菲法和问卷调查法。向专家发放调查问卷，咨询其对于初选指标的意见建议，综合评估后决定指标是否剔除或增添，直到专家意见趋于一致，指标体系基本完善。

第四，确定数字阅读指数的指标与结构。对优化的指标进行分级归类，确定最终的指标构成和层级结构。

第五，确定数字阅读指数的权重。应用层次分析法，通过设计调查问卷，让专家对指标间相对重要程度进行打分，确定各个指标之间的权重，最后形成数字阅读指数。

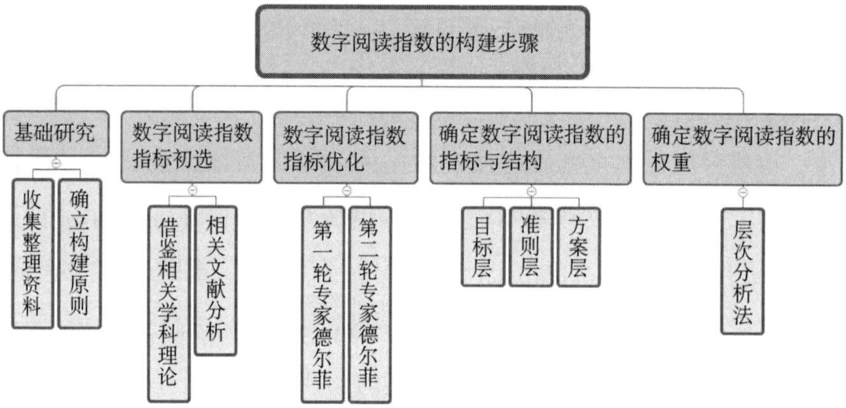

图 6-4　数字阅读指数的构建步骤

二、数字阅读指数指标选取

构建数字阅读指数的目的是为了对全民阅读背景下数字阅读活动的成效进行评价，从而促进全民阅读尤其是数字阅读的发展。对数字阅读指数指标进行初选时，应根据评价的目的和原则，在数字阅读指数内容结构模型的基础上，结合数字阅读特征、阅读指数等相关指标体系中与数字阅读相关指标的梳理以及相关文献资料确定各级指标，数字阅读指数具体结构见图 6-5。初步构建的数字阅读指数共包含了 3 个一级指标，14 个二级指标和 33 个三级指标，其指标解释与说明如下：

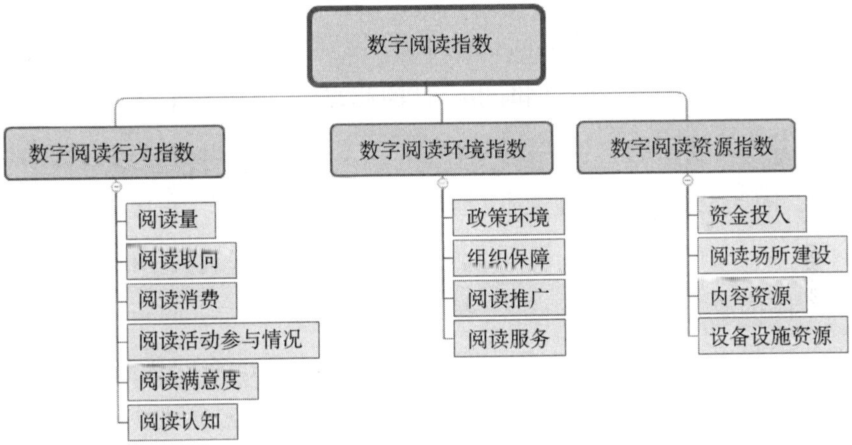

图 6-5　初步构建的数字阅读指数结构

1.数字阅读行为指数

数字阅读行为指数主要包含阅读量、阅读取向、阅读消费、阅读活动参与情况、阅读满意度、阅读认知等内容，通过这些指标可以了解居民阅读状况。阅读活动开展、政策支持、资金资源投入、设备设施建设等相关工作的最终目的是培养个人的阅读兴趣，引导大众关注阅读、主动阅读，形成良好的阅读习惯，这也是推进全民阅读，打造书香社会的目的所在。

阅读量——数字阅读活动开展的主要目的就是为了让读者在数字阅读这种新形态下仍然能够喜欢阅读并且高质量地阅读，从而助力全民阅读发展。在评价数字阅读活动成效时，阅读量的增加情况是体现读者喜欢阅读的一个基本特点。当对数字阅读资源、数字阅读产品形态、数字阅读场景都有深厚的认同时，读者在合适的条件下必然会在阅读上投入更多的时间。本研究中的阅读量通过电子图书、电子期刊、电子报纸、有声书的阅读频率、阅读时长、阅读数量和数字资源下载量等指标来进行衡量。

阅读取向——阅读取向会受年龄、性别、职业、教育程度、个人兴趣爱好等自身因素影响，同时也会被阅读媒介、周围人群、地域文化环境等外在因素影响。对于数字阅读而言，阅读内容和阅读方式会更加多元，因此更加需要提升读者对阅读内容的甄别能力，积极引导读者阅读具有正确出版导向、健康价值取向和文化品位的数字内容。

阅读消费——阅读消费代表了公众在阅读活动上的资金投入状况。近年来，随着电子阅读器、阅读 App、电子数据库的普及与发展，越来越多的人愿意为知识付费。本研究中的数字阅读消费不仅涉及电子图书、电子期刊、电子报纸、有声书等内容资源的消费，还包括电子阅读器、绘本机器人等阅读设备的消费，分为年度数字阅读消费金额和年度数字阅读消费次数两个指标。

阅读活动参与情况——阅读活动的参与情况主要是考察年度参与数字阅读活动的次数。在全民阅读的发展过程中大力倡导数字阅读并举办丰富多彩的数字阅读活动,数字阅读活动的参与次数在一定程度上可以反映出数字阅读活动的推广效果。

阅读满意度——数字阅读满意度反映了公众对数字阅读现状的评价及期望。公众对数字阅读内容和质量、阅读环境、阅读资源、阅读行为有较高的满意度,则说明数字阅读活动取得了一定的成效并被公众认可。

阅读认知——本研究中阅读认知主要分为数字阅读重要性认知和数字阅读目的认知两个指标。数字阅读重要性认知反映了公众对阅读行为的重视程度和积极主动程度,数字阅读目的认知体现了公众阅读的动机。阅读认知实质上是产生阅读行为的动力性因素,公众对阅读有正确理性的认知,重视阅读,喜爱阅读,随着阅读影响的不断强化,最终稳定持久,形成终身阅读、终身学习的习惯与能力。

2.数字阅读环境指数

数字阅读环境指数主要包含政策环境、组织保障、阅读推广、阅读服务 4 个二级指标。数字阅读环境主要是通过政策法律保障,组织阅读活动,丰富阅读服务方式,扩大阅读活动服务宣传,从而达到营造良好的阅读氛围和引导阅读的目的。

政策环境——政策环境对于营造社会整体阅读环境具有关键性的作用。截至 2021 年全民阅读连续八年被写入政府工作报告。全民阅读立法工作经过多年推进,在 2017 年 6 月国务院法制办办务会议审议并原则通过了《全民阅读促进条例(草案)》[①]。各项全民阅读及公共阅读法律法规和政策的出台为数字阅读提供了有力保障,同时也

---

① 焦长红.打卡分享:基于微信平台的阅读推广案例分析[J].上海高校图书情报工作研究,2018(4):36-39.

为地方全民阅读立法提供了有力参照。本研究中将全民阅读、公共阅读政策、法律法规数量以及加强数字生产管理、知识产权保护、激励扶持数字阅读的政策措施数量纳入考核指标之内。

组织保障——阅读活动的发起、组织、指导和推广都离不开机构和人员保障,建设各级全民阅读活动领导小组等阅读指导委员会能够有效引导阅读活动。在组织保障这一二级指标中不仅应当包含每年组织数字阅读活动人员数量,还应考虑阅读专家在组织数字阅读活动中的占比,充分重视专家在推动数字阅读活动中发挥的作用。数字阅读涉及数字阅读平台及数字阅读终端设备的操作,对于儿童、青少年、老人以及残障读者而言使用流程较为复杂,为了更好地服务读者,推广数字阅读,需要注重培训相关数字阅读推广人员。因此,本研究将数字阅读推广人员的年培训人次纳入了组织保障的考核范围。

阅读推广——阅读推广主要是组织各类数字阅读活动。各类媒体报道数字阅读活动,能使读者积极响应并参与。媒体对数字阅读活动的报道时长和报道数量也体现了阅读推广的力度和效度。读者作为阅读推广活动的受众主体,其参与人数将是评价数字阅读推广活动成功与否的一个重要指标。阅读推广中组织活动不应该仅仅看到活动数量,还应该注重提升活动质量,结合各地的实际情况与地域特色,形成大众喜闻乐见的数字阅读品牌活动,扩大数字阅读活动的影响力。

阅读服务——阅读服务主要包括公共图书馆、农家书屋、社区、学校等场所提供的数字阅读服务。建设数字阅读公共服务设施的目的是为了让更多居民能够享受数字阅读服务,满足居民对数字阅读内容的需求。因此,衡量数字阅读服务的重要指标之一是公共数字阅读场所的开放频率以及开放时长。

3.数字阅读资源指数

数字阅读资源指数包含资金投入、阅读场所建设、内容资源、设备设施资源 4 个二级指标。阅读行为的产生离不开阅读主体和阅读内容,而数字阅读行为的产生除了阅读主体和阅读内容外,还需要借助一定的数字阅读终端,满足相应的网络条件。资金投入可以为丰富数字阅读资源、购买数字阅读终端,网络基础设施建设提供有力支持。

资金投入——资金投入是推动数字阅读活动开展的重要环节,主要包括年度数字阅读专项资金、人才培养、活动推广资金的投入金额。

阅读场所建设——在公共图书馆、农家书屋、社区、学校等阅读空间加入数字阅览室,并且增加电子图书、有声书、电子数据库等,方便检索,从而使各种电子资源得到充分利用,提升读者的体验感。

内容资源——内容资源是数字阅读的根本,无论是纸质阅读还是数字阅读,读者阅读最根本的目的就是满足自己的精神需求,获取精神食粮。本研究主要通过公共图书馆、农家书屋、社区、学校数字阅览室提供的电子图书、期刊、报纸、有声书品种数和数字资源数据量来衡量内容资源。

设备设施资源——设备设施资源和数字内容资源之间是一种相辅相成的关系,只有借助一定的数字阅读设备和网络环境才可以获得数字资源。设备设施资源是连接数字内容资源和读者的桥梁,关系着读者能否方便快捷地取得内容资源。因此,通过相关文献分析,本研究将 Wi-Fi、局域网、数字阅读终端的覆盖率纳入设施设备资源之下的三级指标。

三、数字阅读指数指标优化

首先通过对理论基础和阅读指数、书香社会评价指标体系文献的梳理来初步筛选出一些备选的指标。其次,在分析阅读指数内容结构的基础上,结合数字阅读的特性,初步构建数字阅读指数的评价指标;通过调查问卷进行两轮专家打分和意见收集,综合数据和建议收集情况进行综合评估,决定指标是否删除、修改或添加。最后,形成数字阅读指数的评价指标体系。见图 6-6。

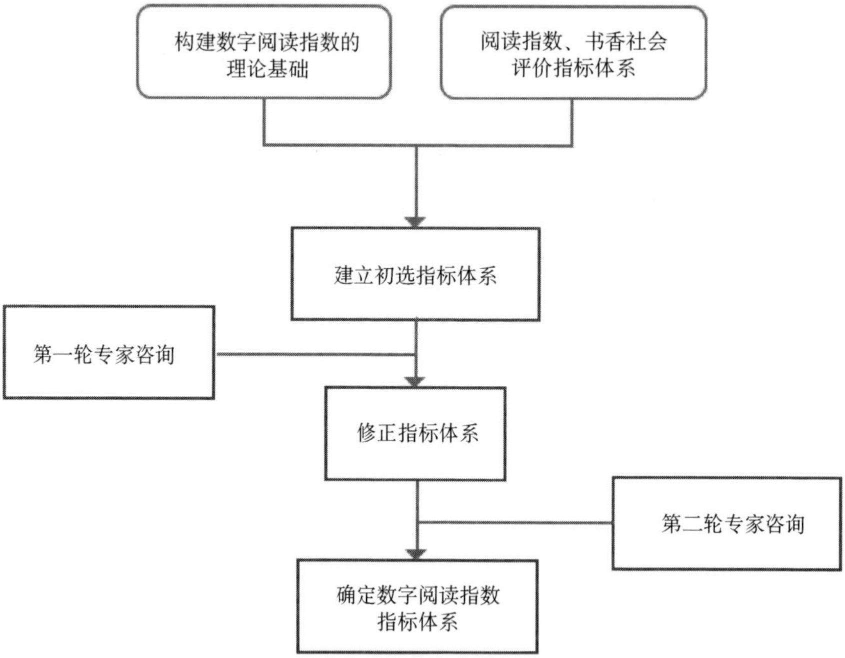

图 6-6　数字阅读指数评价指标选取流程

1.优化前的准备

第一,设计调查问卷。

调查问卷由四部分组成,第一部分是专家基本信息,第二部分是对各个指标进行重要程度评分,第三部分是专家对数字阅读指数指标的意见和建议,第四部分是了解专家对专业领域的熟悉程度和判断依据。重要性程度评分采用李克特五级评分法,重要性程度分为非常重要、重要、一般、不重要、很不重要五个等级,依次赋值为5、4、3、2、1。[①]

第二,确定指标筛选方法。

对于某项指标,该指标评分的算术平均数大于或等于3.5分,且选取"非常重要""重要"的人数之和大于或等于总人数的2/3(67%)时,则这项指标得以通过。对于不满足其中一个条件的指标,咨询专家后决定取舍。两项条件都不满足时则予以剔除。

第三,确定专家人选。

实施德尔菲法的重要一步在于确定专家人选。在确定专家人选时不能简单地采取随机抽样的方法,而是根据研究内容,有针对性地选择长期从事或研究该领域的专家。专家的人数应该根据研究范围和项目规模来确定,人数太少代表性不足,不利于指标的筛选和优化;人数太多,则难以组织调查,并且专家对指标的看法难以达成一致性意见。本研究中选择的咨询专家主要是在数字阅读和数字出版领域的专业人士,专家通过自身的研究和实践经验对数字阅读指数指标提供意见建议,从而使本研究达到优化指标体系的目标。本研究选取了12位专家进行打分,共进行了两轮专家问卷调查。

① 翟晶,王筱金,赵古月,等.基于德尔菲法和层次分析法的医用磁共振成像设备体验设计评价指标体系构建[J].中国医疗设备,2019(8):11-14.

专家基本信息:共遴选阅读和出版领域的专家 12 人,其中男性 9 名,女性 3 名;平均年龄 43 岁;本科学历和硕士学历各占 50%;工作年限主要集中在 6—10 年,工作年限为 20 年以上的专家有 2 人。

专家积极系数:专家积极系数大小体现了专家对于评价内容的关心程度,通常以调查问卷的回收率为标准进行考核。本次专家咨询每轮发放 12 份调查问卷,问卷回收率及有效率均为 100%,说明此次咨询内容获得了专家较高的关心度。

专家权威系数:专家权威系数(Cr)以自我评估为主,是用于衡量咨询结果可靠性的重要指标,主要由专家对专业领域的熟悉程度(Cs)和判断依据(Ca)两个因素决定,Cr=(Cs+Ca)/2,专家权威系数达到 0.7 以上则说明咨询结果可靠。调查问卷中设计判断依据量化表(见表 6-5)和熟悉程度评价表(见表 6-7),以便最终确定专家权威系数。判断依据评价结果和熟悉程度评价结果分别见表 6-6 和表 6-8。

表 6-5 判断依据量化表

判断依据	大	中	小
实践经验	0.5	0.4	0.3
理论分析	0.3	0.2	0.1
参考国内外资料	0.1	0.1	0.1
直观判断	0.1	0.1	0.1
合计	1	0.8	0.6

注:判断依据是专家对本研究问题进行判断时所依据的主要因素的综合衡量,本研究判断依据按表的规定取值。(赵超越.省级教育智库评价指标体系的建构研究[D].沈阳:沈阳师范大学,2018.)

表 6-6 判断依据评价结果

分值	1	0.9	0.8	0.7	0.6
人 数	5	5	1	1	0

判断依据:Ca=(1×5+0.9×5+0.8×1+0.7×1)/12=0.917

表 6-7　熟悉程度评价表

熟悉程度	非常熟悉	较熟悉	一般	不太熟悉	不熟悉
专家自评					

表 6-8　熟悉程度评价结果

熟悉程度	非常熟悉	较熟悉	一般	不太熟悉	不熟悉
熟悉程度权重	1.0	0.8	0.6	0.4	0.2
人数	7	3	2	0	0

熟悉程度：$Cs=(1\times7+0.8\times3+0.6\times2)/12=0.883$

专家权威系数计算公式：$Cr=(Ca+Cs)/2=0.9$，专家权威系数大于0.7，表明专家权威程度较高。

2.第一轮指标优化

本研究共发放问卷 12 份，收回 12 份，回收率和有效率均为100%。评分较高的内容直接进入第二轮专家咨询；对于意见不统一的指标，综合专家意见决定取舍。第一轮指标优化结果汇总如下：

一、二、三级指标重要性咨询结果分别如表 6-9、表 6-10、表 6-11 所示。对于指标 C，选择 5 分的专家有 5 人；选择 4 分的专家有 4 人；选择 3 分的专家有 3 人；人数占比分别为 41.67%、33.33%和 25%，总体而言专家对于指标 C 的认可度较高。

一级指标咨询结果见表 6-9。

表 6-9　一级指标重要性咨询结果(人数 n，占比%)

一级指标	5 分	4 分	3 分	2 分	1 分
A 数字阅读行为指数	3(25.00)	5(41.67)	3(25.00)	1(8.33)	0(0.00)
B 数字阅读环境指数	5(41.67)	3(25.00)	4(33.33)	0(0.00)	0(0.00)
C 数字阅读资源指数	5(41.67)	4(33.33)	3(25.00)	0(0.00)	0(0.00)

二级指标咨询结果见表 6-10。

表 6-10 二级指标重要性咨询结果(人数 n,占比%)

二级指标	5 分	4 分	3 分	2 分	1 分
A1 阅读量	6(50.00)	4(33.33)	2(16.67)	0(0.00)	0(0.00)
A2 阅读取向	5(41.67)	4(33.33)	3(25.00)	0(0.00)	0(0.00)
A3 阅读消费	4(33.33)	5(41.67)	2(16.67)	1(8.33)	0(0.00)
A4 阅读活动参与情况	2(16.67)	7(58.33)	3(25.00)	0(0.00)	0(0.00)
A5 阅读满意度	5(41.67)	4(33.33)	3(25.00)	0(0.00)	0(0.00)
A6 阅读认知	3(25.00)	5(41.67)	3(25.00)	1(8.33)	0(0.00)
B1 政策环境	6(50.00)	4(33.33)	2(16.67)	0(0.00)	0(0.00)
B2 组织保障	3(25.00)	5(41.67)	3(25.00)	1(8.33)	0(0.00)
B3 阅读推广	4(33.33)	7(58.33)	1(8.33)	0(0.00)	0(0.00)
B4 阅读服务	8(66.67)	3(25.00)	1(8.33)	0(0.00)	0(0.00)
C1 资金投入	8(66.67)	2(16.67)	1(8.33)	1(8.33)	0(0.00)
C2 阅读场所建设	3(25.00)	4(33.33)	2(16.67)	1(8.33)	2(16.67)
C3 内容资源	11(91.67)	1(8.33)	0(0.00)	0(0.00)	0(0.00)
C4 设备设施资源	6(50.00)	3(25.00)	2(16.67)	0(0.00)	1(8.33)

三级指标咨询结果见表 6-11。

表 6-11 三级指标重要性咨询结果(人数 n,占比%)

三级指标	5 分	4 分	3 分	2 分	1 分
A1-1 每周电子图书/期刊/报纸、有声书阅读频率	5(41.67)	4(33.33)	2(16.67)	1(8.33)	0(0.00)
A1-2 每周电子图书/期刊/报纸、有声书阅读时长	6(50.00)	4(33.33)	2(16.67)	0(0.00)	0(0.00)
A1-3 每月阅读电子图书/期刊/报纸、有声书数量	4(33.33)	6(50.00)	2(16.67)	0(0.00)	0(0.00)
A1-4 公共图书馆、农家书屋、社区、学校数字资源人均点击量	1(8.33)	5(41.67)	4(33.33)	2(16.67)	0(0.00)
A1-5 公共图书馆、农家书屋、社区、学校数字资源人均下载次数	0(0.00)	8(66.67)	3(25.00)	1(8.33)	0(0.00)

续表

三级指标	5分	4分	3分	2分	1分
A2-1 政治、经济、人文、科技、生活等	6(50.00)	3(25.00)	3(25.00)	0(0.00)	0(0.00)
A2-2 阅读内容有正确出版导向，健康的价值取向和文化品位	8(66.67)	4(33.33)	0(0.00)	0(0.00)	0(0.00)
A3-1 年度数字阅读消费金额	5(41.67)	5(41.67)	2(16.67)	0(0.00)	0(0.00)
A3-2 年度数字阅读消费次数	6(50.00)	5(41.67)	1(8.33)	0(0.00)	0(0.00)
A4-1 年度数字阅读活动参与次数	5(41.67)	4(33.33)	3(25.00)	0(0.00)	0(0.00)
A5-1 数字阅读内容和质量满意度	6(50.00)	5(41.67)	1(8.33)	0(0.00)	0(0.00)
A5-2 数字阅读行为满意度	3(25.00)	7(58.33)	2(16.67)	0(0.00)	0(0.00)
A5-3 数字阅读环境满意度	4(33.33)	4(33.33)	3(25.00)	1(8.33)	0(0.00)
A5-4 数字阅读资源满意度	7(58.33)	3(25.00)	2(16.67)	0(0.00)	0(0.00)
A6-1 数字阅读重要性认知	4(33.33)	6(50.00)	2(16.67)	0(0.00)	0(0.00)
A6-2 数字阅读目的认知	3(25.00)	8(66.67)	1(8.33)	0(0.00)	0(0.00)
B1-1 全民阅读、公共阅读方针政策、法律法规数量	6(50.00)	6(50.00)	0(0.00)	0(0.00)	0(0.00)
B1-2 加强数字出版物生产管理、知识产权保护、激励引导数字阅读的政策措施数量	6(50.00)	4(33.33)	2(16.67)	0(0.00)	0(0.00)
B2-1 建设有全民阅读活动领导小组等阅读指导委员会	7(58.33)	5(41.67)	0(0.00)	0(0.00)	0(0.00)
B2-2 每年组织数字阅读活动人员数量	4(33.33)	5(41.67)	3(25.00)	0(0.00)	0(0.00)
B2-3 年均培训数字阅读推广人次	3(25.00)	6(50.00)	3(25.00)	0(0.00)	0(0.00)
B3-1 每年数字阅读活动组织数量	3(25.00)	6(50.00)	3(25.00)	0(0.00)	0(0.00)
B3-2 每年数字阅读活动参与人数	5(41.67)	5(41.67)	2(16.67)	0(0.00)	0(0.00)
B3-3 品牌数字阅读活动数量	4(33.33)	7(58.33)	1(8.33)	0(0.00)	0(0.00)
B3-4 广播、电视媒体年度数字阅读报道时长占比	3(25.00)	6(50.00)	3(25.00)	0(0.00)	0(0.00)
B3-5 数字阅读报道篇/条数占比	2(16.67)	7(58.33)	3(25.00)	0(0.00)	0(0.00)
B4-1 每周公共图书馆、农家书屋、社区、学校数字阅览室开放时长	5(41.67)	5(41.67)	2(16.67)	0(0.00)	0(0.00)

续表

三级指标	5分	4分	3分	2分	1分
C1-1 年度数字阅读专项资金投入金额	9(75.00)	2(16.67)	1(8.33)	0(0.00)	0(0.00)
C2-1 公共图书馆、农家书屋、社区、学校数字阅览室设置率	5(41.67)	6(50.00)	1(8.33)	0(0.00)	0(0.00)
C3-1 公共图书馆、农家书屋、社区、学校数字阅览室可提供的电子图书/期刊/报纸、有声书品种数	5(41.67)	6(50.00)	1(8.33)	0(0.00)	0(0.00)
C3-2 人均公共图书馆、农家书屋、社区、学校数字阅览室可用数字资源量	2(16.67)	9(75.00)	1(8.33)	0(0.00)	0(0.00)
C4-1Wi-Fi、局域网覆盖率	5(41.67)	5(41.67)	2(16.67)	0(0.00)	0(0.00)
C4-2 数字阅读终端(手机、电子阅读器、PC 电脑、笔记本电脑等)覆盖率	4(33.33)	5(41.67)	3(25.00)	0(0.00)	0(0.00)

专家咨询意见如下:

专家 3 提出:“政府需要在政策、无线网络、资金等方面给予大力支持。例如,C1 资金投入,除了在 C1-1 年度数字阅读专项资金上给予支持外,在人才培养和阅读活动推广方面也应当给予财政支持。”

专家 4 提出:“数字阅读应该加强宣传和指导。建议在二级指标 B2 组织保障之下增加一个三级指标,统计每年参与数字阅读活动的指导专家数量,知晓专家为数字阅读发展提供助力的情况,并以此形成由全民阅读活动领导小组、阅读指导专家、阅读推广组织人员和个人共同组成的多元化、多层次的数字阅读联盟。”

专家 11 建议:“C2 阅读场所建设与 C4 设备设置资源两个指标内容有重复,建议两者进行合并。”

第一轮专家咨询结果统计过后,根据筛选原则,将评分算术平均数小于 3.5 分且选取“非常重要”“重要”的人数之和小于总人数 2/3

(67%)的评价指标予以剔除。再结合专家提出的修改意见,对指标进行优化,发放第二轮专家调查问卷。

3.第二轮指标优化

一级指标咨询结果见表6-12。

表6-12　一级指标重要性咨询结果(人数n,占比%)

一级指标	5分	4分	3分	2分	1分
A 数字阅读行为指数	3(25.00)	5(41.67)	3(25.00)	1(8.33)	0(0.00)
B 数字阅读环境指数	5(41.67)	3(25.00)	4(33.33)	0(0.00)	0(0.00)
C 数字阅读资源指数	5(41.67)	4(33.33)	3(25.00)	0(0.00)	0(0.00)

二级指标咨询结果见表6-13。

表6-13　二级指标重要性咨询结果(人数n,占比%)

二级指标	5分	4分	3分	2分	1分
A1 阅读量	6(50.00)	4(33.33)	2(16.67)	0(0.00)	0(0.00)
A2 阅读取向	5(41.67)	4(33.33)	3(25.00)	0(0.00)	0(0.00)
A3 阅读消费	4(33.33)	5(41.67)	2(16.67)	1(8.33)	0(0.00)
A4 阅读活动参与情况	2(16.67)	7(58.33)	3(25.00)	0(0.00)	0(0.00)
A5 阅读满意度	5(41.67)	4(33.33)	3(25.00)	0(0.00)	0(0.00)
A6 阅读认知	3(25.00)	5(41.67)	3(25.00)	1(8.33)	0(0.00)
B1 政策环境	6(50.00)	4(33.33)	2(16.67)	0(0.00)	0(0.00)
B2 组织保障	3(25.00)	5(41.67)	3(25.00)	1(8.33)	0(0.00)
B3 阅读推广	4(33.33)	7(58.33)	1(8.33)	0(0.00)	0(0.00)
B4 阅读服务	8(66.67)	3(25.00)	1(8.33)	0(0.00)	0(0.00)
C1 资金投入	8(66.67)	2(16.67)	1(8.33)	1(8.33)	0(0.00)
C2 内容资源	11(91.67)	1(58.33)	0(0.00)	0(0.00)	0(0.00)
C3 设备设施资源	6(50.00)	3(25.00)	3(25.00)	0(0.00)	0(0.00)

三级指标咨询结果见表6-14。

表6-14 三级指标重要性咨询结果(人数n,占比%)

三级指标	5分	4分	3分	2分	1分
A1-1 每周电子图书/期刊/报纸、有声书阅读频率(次/周)	5(41.67)	4(33.33)	2(16.67)	1(8.33)	0(0.00)
A1-2 每周电子图书/期刊/报纸、有声书阅读时长(小时/周)	6(50.00)	4(33.33)	2(16.67)	0(0.00)	0(0.00)
A1-3 每月阅读电子图书/期刊/报纸、有声书数量(本/月)	4(33.33)	6(50.00)	2(16.67)	0(0.00)	0(0.00)
A1-4 公共图书馆、农家书屋、社区、学校数字资源人均下载次数	1(8.33)	7(58.33)	3(25.00)	1(8.33)	0(0.00)
A2-1 政治、经济、人文、科技、生活等	5(41.67)	3(25.00)	3(25.00)	1(8.33)	0(0.00)
A2-2 阅读内容有正确出版导向、健康的价值取向和文化品位	9(75.00)	3(25.00)	0(0.00)	0(0.00)	0(0.00)
A3-1 年度数字阅读消费金额	5(41.67)	5(41.67)	2(16.67)	0(0.00)	0(0.00)
A3-2 年度数字阅读消费次数	6(50.00)	5(41.67)	1(8.33)	0(0.00)	0(0.00)
A4-1 年度数字阅读活动参与次数	5(41.67)	4(33.33)	3(25.00)	0(0.00)	0(0.00)
A5-1 数字阅读内容和质量满意度	6(50.00)	5(41.67)	1(8.33)	0(0.00)	0(0.00)
A5-2 数字阅读行为满意度	3(25.00)	6(50.00)	2(16.67)	1(8.33)	0(0.00)
A5-3 数字阅读环境满意度	4(33.33)	4(33.33)	3(25.00)	1(8.33)	0(0.00)
A5-4 数字阅读资源满意度	7(58.33)	3(25.00)	2(16.67)	0(0.00)	0(0.00)
A6-1 数字阅读重要性认知	4(33.33)	6(50.00)	2(16.67)	0(0.00)	0(0.00)
A6-2 数字阅读目的认知	3(25.00)	8(66.67)	1(8.33)	0(0.00)	0(0.00)
B1-1 全民阅读、公共阅读方针政策、法律法规数量	6(50.00)	6(50.00)	0(0.00)	0(0.00)	0(0.00)
B1-2 加强数字出版物生产管理、知识产权保护、激励引导数字阅读的政策措施数量	6(50.00)	5(41.67)	1(8.33)	0(0.00)	0(0.00)
B2-1 建设有全民阅读活动领导小组等阅读指导委员会	7(58.33)	5(41.67)	0(0.00)	0(0.00)	0(0.00)

续表

二级指标	5分	4分	3分	2分	1分
B2-2 每年组织数字阅读活动人员数量	4(33.33)	5(41.67)	3(25.00)	0(0.00)	0(0.00)
B2-3 每年参与数字阅读活动的指导专家数量	4(33.33)	4(33.33)	3(25.00)	1(8.33)	0(0.00)
B2-4 年均培训数字阅读推广人次	3(25.00)	6(50.00)	3(25.00)	0(0.00)	0(0.00)
B3-1 每年数字阅读活动组织数量	3(25.00)	5(41.67)	3(25.00)	1(8.33)	0(0.00)
B3-2 每年数字阅读活动参与人数	5(41.67)	5(41.67)	2(16.67)	0(0.00)	0(0.00)
B3-3 品牌数字阅读活动数量	4(33.33)	7(58.33)	1(8.33)	0(0.00)	0(0.00)
B3-4 广播、电视媒体年度数字阅读报道时长占比	3(25.00)	6(50.00)	3(25.00)	0(0.00)	0(0.00)
B3-5 数字阅读报道篇/条数占比	2(16.67)	7(58.33)	3(25.00)	0(0.00)	0(0.00)
B4-1 每周公共图书馆、农家书屋、社区、学校数字阅览室开放时长	5(41.67)	5(41.67)	2(16.67)	0(0.00)	0(0.00)
C1-1 年度数字阅读专项资金投入金额	9(75.00)	2(16.67)	1(8.33)	0(0.00)	0(0.00)
C1-2 年度数字阅读人才培养资金投入金额	7(58.33)	3(25.00)	2(16.67)	0(0.00)	0(0.00)
C1-3 年度数字阅读活动推广资金投入金额	5(41.67)	6(50.00)	1(8.33)	0(0.00)	0(0.00)
C2-1 公共图书馆、农家书屋、社区、学校数字阅览室可提供的电子图书/期刊/报纸、有声书品种数	5(41.67)	6(50.00)	1(8.33)	0(0.00)	0(0.00)
C2-2 人均公共图书馆、农家书屋、社区、学校数字阅览室可用数字资源量(TB)	2(16.67)	9(75.00)	1(8.33)	0(0.00)	0(0.00)
C3-1Wi-Fi、局域网覆盖率	5(41.67)	5(41.67)	2(16.67)	0(0.00)	0(0.00)
C3-2 数字阅读终端(手机、电子阅读器、PC 电脑、笔记本电脑等)覆盖率	4(33.33)	5(41.67)	3(25.00)	0(0.00)	0(0.00)
C3-3 公共图书馆、农家书屋、社区、学校的数字阅览室设置率	2(16.67)	8(66.67)	1(8.33)	1(8.33)	0(0.00)

通过统计第二轮调查问卷数据以及专家意见发现，专家意见趋于一致，提出的意见明显减少。

四、数字阅读指数指标构成

1.数字阅读指数指标的构成

经过专家咨询、问卷调查，本研究最终构建了包括3个一级指标，13个二级指标、35个三级指标的数字阅读指数。具体情况如表6-15所示。

表6-15　数字阅读指数

一级指标（3个）	二级指标（13个）	三级指标（35个）
A 数字阅读行为指数	A1 阅读量	A1-1 每周电子图书/期刊/报纸、有声书阅读频率（次/周）
		A1-2 每周电子图书/期刊/报纸、有声书阅读时长（小时/周）
		A1-3 每月阅读电子图书/期刊/报纸、有声书数量（本/月）
		A1-4 公共图书馆、农家书屋、社区、学校数字资源人均下载次数
	A2 阅读取向	A2-1 政治、经济、人文、科技、教育、生活等内容类别偏好
		A2-2 阅读内容有正确出版导向、健康的价值取向和文化品位
	A3 阅读消费	A3-1 年度数字阅读消费金额
		A3-2 年度数字阅读消费次数
	A4 阅读活动参与情况	A4-1 年度数字阅读活动参与次数
		A5-1 数字阅读内容和质量满意度
	A5 阅读满意度	A5-2 数字阅读行为满意度
		A5-3 数字阅读环境满意度
		A5-4 数字阅读资源满意度
	A6 阅读认知	A6-1 数字阅读重要性认知
		A6-2 数字阅读目的认知

续表

一级指标（3 个）	二级指标（13 个）	三级指标（35 个）
B 数字阅读环境指数	B1 政策环境	B1-1 全民阅读、公共阅读方针政策、法律法规数量
		B1-2 加强数字出版物生产管理、知识产权保护、激励引导数字阅读的政策措施数量
	B2 组织保障	B2-1 建设有全民阅读活动领导小组等阅读指导委员会
		B2-2 每年组织数字阅读活动人员数量
		B2-3 每年参与数字阅读活动的指导专家数量
		B2-4 年均培训数字阅读推广人次
	B3 阅读推广	B3-1 每年数字阅读活动组织数量
		B3-2 每年数字阅读活动参与人数
		B3-3 品牌数字阅读活动数量
		B3-4 广播、电视媒体年度数字阅读报道时长占比
		B3-5 数字阅读报道篇/条数占比
	B4 阅读服务	B4-1 每周公共图书馆、农家书屋、社区、学校数字阅览室开放时长
C 数字阅读资源指数	C1 资金投入	C1-1 年度数字阅读专项资金投入金额
		C1-2 年度数字阅读人才培养资金投入金额
		C1-3 年度数字阅读活动推广资金投入金额
	C2 内容资源	C2-1 公共图书馆、农家书屋、社区、学校数字阅览室可提供的电子图书/期刊/报纸、有声书品种数
		C2-2 人均公共图书馆、农家书屋、社区、学校数字阅览室可用数字资源量（TB）
	C3 设备设施资源	C3-1Wi-Fi、局域网覆盖率
		C3-2 数字阅读终端（手机、电了阅读器、PC 电脑、笔记本电脑等）覆盖率
		C3-3 公共图书馆、农家书屋、社区、学校的数字阅览室设置率

2.数字阅读指数的特点

数字阅读指数在编制过程中确立了顶层设计的指导思想,体系构建设计秉承逻辑清晰、可操作、可量化的原则。这一研究成果弥补了单纯评估数字阅读量或者数字阅读行为的不足,还从数字阅读环境和数字阅读资源等维度评估数字阅读,能实现为全民阅读提供导向引领的作用。相比于其他阅读指数,本研究构建的数字阅读指数有以下几个特点:

第一,覆盖范围全面,囊括了电子书、电子期刊、电子报纸、有声书等更多的数字阅读对象。

第二,加入了全民阅读活动下特有指标,如全民阅读、公共阅读方针政策、法律法规数量,全民阅读活动领导小组等阅读指导委员会等内容,突出了全民阅读活动的保障性和组织性。

第三,阅读取向部分包含特定内容指向的阅读统计并且重点强调阅读内容有正确的出版导向、健康的价值取向和文化品位,可以为出版传媒企业决策、公共阅读服务以及优质阅读内容推介提供参考。

第四,将数字阅读环境因素设置为指标要素,突出了现代化设施尤其是数字阅读设备设施对新时代公共文化服务提升的重要作用。

第五,不仅可以了解一个地域内的综合数字阅读状况,还可以通过数字阅读行为指数、数字阅读环境指数、数字阅读资源指数 3 个分指数,了解细分维度的阅读状况,从而帮助政府有的放矢地改善数字阅读,促进全民阅读发展。

五、数字阅读指数权重确定

1.层次分析法介绍

层次分析法简称 AHP 法，是由美国运筹学家、匹兹堡大学教授萨蒂（A. L. Saaty）于 20 世纪 70 年代提出的，是将与决策有关的元素分解成目标、准则、方案等层级，在此基础上进行定性和定量分析的决策方法。[①] 其应用主要包括以下三个步骤：

第一，建立层次结构模型。

针对需要实现的目标，将各个与目标相关的因素按照不同维度依次分解为若干层次。最上层为目标层，最下层为方案层，中间可以有一个或者一个以上层次，通常称为准则层。在本研究中，层级结构模型有四层。第一层为目标层，数字阅读指数；第二层为准测层 1，由数字阅读行为指数、数字阅读环境指数、数字阅读资源指数 3 个一级指标组成；第三层为准测层 2，由 13 个二级指标组成；第四层为方案层，由 35 个三级指标组成。

第二，构造判断矩阵。

从层次结构模型的第二层开始，对从属于（或影响）上一层每个因素的同一层诸因素进行两两比较，指标间的相对关系通过 1—9 标度法来衡量，直到最下层。指标间两两比较的重要性程度与重要性标度的对应关系见表 6-16。

---

① 王辉，赵霞霞，司晓悦.高校中层领导干部考核指标体系研究：基于德尔菲法和层次分析法的应用[J].东北大学学报（社会科学版），2019（2）：195-201.

表 6-16 重要性程度与重要性标度的对应关系

因素 X_i 比因素 X_j	重要性标度
同等重要	1
稍微重要	3
较强重要	5
强烈重要	7
极端重要	9
两相邻判断的中间值	2、4、6、8

第三,计算权重向量及一致性检验。

根据判断矩阵计算出特征向量 W 和最大特征值 λ_{max},根据公式计算出一致性比率 CR,进行一致性检验。若通过一致性检验则说明权重分配合理,否则需要重新构造判断矩阵。

使用判断矩阵的重要性标度 aij 来描述第 i 个元素与第 j 个元素相对上一层某个因素的重要性。设共有 m 个元素参与比较,则判断矩阵为:

$$\begin{bmatrix} a_{11} & a_{12} & \cdots & a_{1m} \\ a_{21} & a_{22} & \cdots & a_{2m} \\ \vdots & \vdots & \vdots & \vdots \\ a_{m1} & a_{m2} & \cdots & a_{mm} \end{bmatrix}$$

一致性比率 CR(计算公式见公式 6-1):

$$\mathrm{CR} = \frac{\lambda_{max} - m}{(m - 1)RI} \qquad (6\text{-}1)$$

其中,λ_{max}为判断矩阵的最大特征值;m 为被评价对象个数;RI 为平均随机的一致性指标,RI 指见表 6-17。一般情况下,若一致性比率

CR≤0.1,则该判断矩阵通过了一致性检验,否则重新构造判断矩阵。[①]

表 6-17　平均随机一致性指标 RI 值

m	2	3	4	5	6	7	8
RI	0	0.5149	0.8931	1.1185	1.2494	1.3450	1.4200

本研究以一级指标所构造的判断矩阵 M 为例,用乘积方根法计算权重向量,并进行一致性检验,具体过程如下:

一级指标的判断矩阵 M:

$$M=\begin{bmatrix}1 & 0.5 & 0.5\\ 2 & 1 & 1\\ 2 & 1 & 1\end{bmatrix}$$

将各行元素连乘并开 3 次方,即求出各行元素的几何平均值 b_i:

$$b_i=(0.63,1.26,1.26)^T$$

对几何平均值 b_i 进行归一化处理,即求得一级指标层特征向量 W:

$$W=(0.2000,0.4000,0.4000)^T$$

·致性检验:

通过计算得到判断矩阵 M 的最大特征值 λ_{max},查表可知 RI = 0.5149,

$$CR=\frac{\lambda_{max}-m}{(m-1)RI}=\frac{3-3}{(3-1)\times 0.5149}=0<0.10$$

所以判断矩阵 M 具有满意一致性,即该权重值有效。同理,可计算得到其他判断矩阵的特征向量 W 并判断一致性。

① 伍亚华,杨晓翠,王永斌.基于层次分析法的高校优秀团员评选[J].西北成人教育学报,2013(1):65-66.

2.权重的确定

本次调查向专家发放了10份数字阅读指数指标的权重调查表，回收有效问卷10份。本研究将各指标重要性打分进行加权平均值计算，通过考虑各个均值的大小情况构建判断矩阵。计算结果如下（见表6-18）：

表6-18 目标层判断矩阵

评价指标	A	B	C	W_i
A	1	1/2	1/2	0.2000
B	2	1	1	0.4000
C	2	1	1	0.4000

根据所建立的判断矩阵，求得其特征向量为 $W=(0.2000,0.4000,0.4000)^T$，最大特征值为 $\lambda_{max}=3$。经检验判断矩阵具有满意的一致性。目标层的权重值分别为：0.2000，0.4000，0.4000。

运用相同方法可求得中间层的权重，计算结果见表6-19至表6-20。

表6-19 中间层A判断矩阵

评价指标	A1	A2	A3	A4	A5	A6	W_i
A1	1	1/2	1/3	1/2	1/2	1/2	0.0820
A2	2	1	1/2	1	1	1	0.1565
A3	3	2	1	2	2	1	0.2699
A4	2	1	1/2	1	1	1	0.1565
A5	2	1	1/2	1	1	1	0.1565
A6	2	1	1	1	1	1	0.1788

由表6-19可得，$\lambda_{max}=6.0523$，$CR=0.0083$，具有令人满意的一致性。

表 6-20　中间层 B 判断矩阵

评价指标	B1	B2	B3	B4	W_i
B1	1	1/3	1/3	1/2	0.1100
B2	3	1	1	2	0.3584
B3	3	1	1	1	0.3015
B4	2	1/2	1	1	0.2301

由表 6-20 可得，$\lambda_{max}=4.0458$，CR = 0.0172，具有令人满意的一致性。

表 6-21　中间层 C 判断矩阵

评价指标	C1	C2	C3	W_i
C1	1	1	1/3	0.2000
C2	1	1	1/3	0.2000
C3	3	3	1	0.6000

由表 6-21 可得，$\lambda_{max}=3$，CR = 0，具有令人满意的一致性.

最后，计算因子层各判断矩阵的权重，见表 6-22 至表 6-32。

表 6-22　A1 指标判断矩阵

评价因子	A1-1	A1-2	A1-3	A1-4	W_i
A1-1	1	1/3	1/2	1/2	0.1238
A1-2	3	1	2	1	0.3659
A1-3	2	1/2	1	1	0.2326
A1-4	2	1	1	1	0.2778

由表 6-22 可得，$\lambda_{max}=4.0458$，CR = 0.0172，具有令人满意的一致性。

表 6-23　A2 指标判断矩阵

评价因子	A2-1	A2-2	W_i
A2-1	1	1/3	0.2500
A2-2	3	1	0.7500

由表 6-23 可得，$\lambda_{max}=2$，CR=0，具有令人满意的一致性。

表 6-24 A3 指标判断矩阵

评价因子	A3-1	A3-2	W_i
A3-1	1	1/3	0.2500
A3-2	3	1	0.7500

由表 6-24 可得，$\lambda_{max}=4.1981$，CR=0.0742，具有令人满意的一致性。

表 6-25 A5 指标判断矩阵

评价因子	A5-1	A5-2	A5-3	A5-4	W_i
A5-1	1	1/3	1/3	1/3	0.1539
A5-2	3	1	1	1	0.2880
A5-3	3	1	1	1	0.4773
A5-4	3	1	1	1	0.0809

由表 6-25 可得，$\lambda_{max}=4.0211$，CR=0.0079，具有令人满意的一致性。

表 6-26 A6 指标判断矩阵

评价因子	A6-1	A6-2	W_i
A6-1	1	1/3	0.2500
A6-2	3	1	0.7500

由表 6-26 可得，$\lambda_{max}=2$，CR=0，具有令人满意的一致性。

表 6-27 B1 指标判断矩阵

评价因子	B1-1	B1-2	W_i
B1-1	1	1/2	0.3333
B1-2	2	1	0.6667

由表 6-27 可得，$\lambda_{max}=2$，CR=0，具有令人满意的一致性。

表 6-28　B2 指标判断矩阵

评价因子	B2-1	B2-2	B2-3	B2-4	W_i
B2-1	1	1/2	1/2	1/2	0.1429
B2-2	2	1	1	1	0.2857
B2-3	2	1	1	1	0.2857
B2-4	2	1	1	1	0.2857

由表 6-28 可得，$\lambda_{max}=4$，CR=0，具有令人满意的一致性。

表 6-29　B3 指标判断矩阵

评价因子	B3-1	B3-2	B3-3	B3-4	B3-5	W_i
B3-1	1	1/2	1/3	1/3	1/3	0.0828
B3-2	2	1	1/2	1	1	0.1802
B3-3	3	2	1	2	2	0.3440
B3-4	3	1	1/2	1	1	0.1965
B3-5	3	1	1/2	1	1	0.1965

由表 6-29 可得，$\lambda_{max}=5.0554$，CR=0.0124，具有令人满意的一致性。

表 6-30　C1 指标判断矩阵

评价因子	C1-1	C1-2	C1-3	W_i
C1-1	1	1/3	1/3	0.1429
C1-2	3	1	1	0.4286
C1-3	3	1	1	0.4286

由表 6-30 可得，$\lambda_{max}=3$，CR=0，具有令人满意的一致性。

表 6-31　C2 指标判断矩阵

评价因子	C2-1	C2-2	W_i
C2-1	1	1/2	0.3333
C2-2	2	1	0.6667

由表 6-31 可得，$\lambda_{max}=2$，CR = 0，具有令人满意的一致性。

表 6-32 C3 指标判断矩阵

评价因子	C3-1	C3-2	C3-3	W_i
C3-1	1	1/3	1/3	0.1429
C3-2	3	1	1	0.4286
C3-3	3	1	1	0.4286

由表 6-32 可得，$\lambda_{max}=3$，CR = 0，具有令人满意的一致性。

由以上各判断矩阵得到指标体系及其权重（见表 6-33）。

综合权重 = 一级指标相对权重 × 二级指标相对权重 × 三级指标相对权重

表 6-33 "数字阅读指数"测量指标体系及其权重

一级指标	相对权重	二级指标	相对权重	三级指标	相对权重	综合权重
A 数字阅读行为指数	0.2000	A1 阅读量	0.0820	A1-1	0.1238	0.0020
				A1-2	0.3659	0.0060
				A1-3	0.2326	0.0038
				A1-4	0.2778	0.0046
		A2 阅读取向	0.1565	A2-1	0.2500	0.0078
				A2-2	0.7500	0.0235
		A3 阅读消费	0.2699	A3-1	0.2500	0.0135
				A3-2	0.7500	0.0405
		A4 阅读活动参与情况	0.1565	A4-1	0.1565	0.0050
		A5 阅读满意度	0.1565	A5-1	0.1539	0.0048
				A5-2	0.2880	0.0090
				A5-3	0.4773	0.0149
				A5-4	0.0809	0.0025
		A6 阅读认知	0.1788	A6-1	0.2500	0.0089
				A6-2	0.7500	0.0268

续表

一级指标	相对权重	二级指标	相对权重	三级指标	相对权重	综合权重
B 数字阅读环境指数	0.4000	B1 政策环境	0.1100	B1-1	0.3333	0.0147
				B1-2	0.6667	0.0293
		B2 组织保障	0.3584	B2-1	0.1429	0.0205
				B2-2	0.2857	0.0410
				B2-3	0.2857	0.0410
				B2-4	0.2857	0.0410
		B3 阅读推广	0.3015	B3-1	0.0828	0.0100
				B3-2	0.1802	0.0217
				B3-3	0.3440	0.0415
				B3-4	0.1965	0.0237
				B3-5	0.1965	0.0237
		B4 阅读服务	0.2301	B4-1	0.2301	0.0210
C 数字阅读资源指数	0.4000	C1 资金投入	0.2000	C1-1	0.1429	0.0114
				C1-2	0.4286	0.0343
				C1-3	0.4286	0.0343
		C2 内容资源	0.2000	C2-1	0.3333	0.0267
				C2-2	0.6667	0.0533
		C3 设备设施资源	0.6000	C3-1	0.1429	0.0343
				C3-2	0.4286	0.1029
				C3-3	0.4286	0.1029

第六节　数字阅读指数的应用

一、数字阅读指数的应用方法与应用步骤

数字阅读指数的应用应该与全民阅读、数字阅读发展共同形成生

态闭环。对全民阅读背景下数字阅读的考评是对数字阅读实践的总结和检验,也是在为促进全民阅读尤其是数字阅读发展寻求发力点;数字阅读指数为数字阅读提供评价测量体系;数字阅读指数的结果需要公之于众,让社会和大众了解当前数字阅读活动的状况与效果,同时让政府、图书馆、出版企业、研究机构、阅读推广组织、社区以及居民个人等认识到自身在促进数字阅读及全民阅读发展进程中的影响和作用,从而促进全民阅读中数字阅读实践的发展。数字阅读指数考评作用的实现不仅需要科学合理的考评指标体系,还需要操作性较强的应用方法、应用步骤和具有针对性的应用策略,以切实提升数字阅读指数应用的意义和效果。

二、数字阅读指数的应用方法

定量指标与定性指标相结合。对于一个指标体系,定量指标与定性指标是相统一的、互相补充的。定量指标可以通过数字更加科学、准确、直观地反映评价对象的性质、特点、发展变化规律。定性指标则为不能直接量化但不可或缺的内容提供了可衡量的途径,需要将各个定性指标细化成多个维度,再针对每个维度制定具体的可衡量的考核标准。例如,在数字阅读指数中,对"阅读内容有正确的出版导向、健康的价值取向和文化品位"这一指标就需要分为非常符合、很符合、一般、不符合、非常不符合五个等级。同时,对于定量指标来说,需要验证数据的可获得性以及数据资料来源的真实性。

根据指标内容选择合适的评价方法。不同的指标其评价内容的侧重点也会有所不同,因此需要根据每个指标的评价范围、评价对象、评价依据等方面的差异性,选择能够客观真实反映实际情况的评价方法，从而提升评价的公平性和科学性。在数字阅读指数中，数字阅读行为的评价与读者的阅读量、阅读取向、阅读消费、阅读活动参与情况等内容紧密相关，具有鲜明的个性化特点。因此，可以采用网络问卷、纸质问卷等方式，了解读者的个人数字阅读行为特征以及某一地域范围内读者的数字阅读行为特征。实施问卷调查需要精心设计抽样方案，需要针对各省市地区的人口数量进行配比，并且根据年龄、性别进行简单随机抽样调查。本研究对于城市基础设备设施建设、资金投入、政策法规、内容资源等相关指标的评价，则需要通过各级统计局、出版行政管理部门、图书馆、阅读推广组织等相关机构提供资料数据。

在实践中更新与完善评价指标体系。数字阅读指数是根据当前全民阅读、书香社会建设、数字阅读发展现状以及各省市相关机构、专家学者对阅读指数、书香社会评价指标体系的研究而构建的，随着数字出版产业的蓬勃发展，云计算、大数据等技术的高速发展，目前所构建的数字阅读指数并不一定能满足未来的发展，需要在实践中对评价指标体系进行更新和完善。数字阅读指数构建的目的在于为政府评价全民阅读背景下数字阅读推广成效提供参考，以便政府加强对数字阅读的规范和引导，改进数字阅读管理监督机制，促进全民阅读发展。在评价结束后要及时对评价结果做出分析，以评价报告的形式对评价结果进行具体阐述和发布，同时梳理在评价过程中出现的各种问题，总结经验，在实践中不断更新和完善评价指标体系。

三、数字阅读指数的应用步骤

利用数字阅读指数评价全民阅读视域下数字阅读活动成效主要包括以下应用步骤：制定评价体系、设计评价方案、实施评价步骤、得出评价结果、评价结果检测与应用、完善评价指标与评价方法。数字阅读指数的应用步骤如图 6-7 所示。为确保评价的统一性、科学性和权威性,从数字阅读指数构建到评价指标完善的各个环节都要充分征询专家学者的意见,在考评中不断完善,逐步形成权威且相对稳定的评价体系。

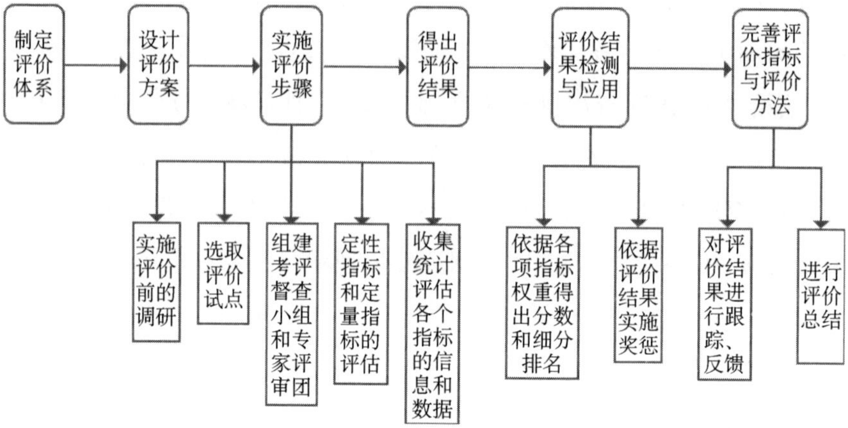

图 6-7　数字阅读指数的应用步骤

数字阅读指数构建和评价方案确定之后,为达到预期的评价效果,严格执行实施评价步骤是十分关键和重要的环节。因此,政府相关行政部门和考评督查小组还需要明确具体的实施步骤,使实施评价的步骤程序化和规范化。数字阅读指数评价的实施步骤具体可包括实施评价前的调研、选取评价试点、组建考评督查小组和专家评审团、定性指标和定量指标的评估、收集统计评估各个指标的信息和数据。其中选取评价试点是数字阅读指数应用前期不可或缺的环节。目前,政府相关行政部门尚未开展专门针对数字阅读活动的评价,采取"先点后面"的方法可以对评价指标进行验证和完善,规避实施过程中可能出现的人力、物力资源浪费,提高评价的效率和可操作性。在形成权威且相对稳定的数字阅读指数之后可以将此评价机制全面推广。

实施评价步骤之后需要验证数据结果,依据统计的数据结果和各项指标权重得出分数和细分排名,依据评价结果实施奖惩。评价结果的得出并不是评价工作的结束,还要及时对评价结果进行跟踪、反馈,对评价进行总结,不断完善评价指标与评价方法。

第七节　数字阅读指数的应用策略

一、构建多方参与的评价机制,明确各方作用职责

构建数字阅读指数的目的是对全民阅读尤其是数字阅读活动的开展效果进行评价。为保证考评的科学性和全面性,需要构建多方参与的评价机制。根据 R. E. 弗里曼的利益相关者学说,利益相关者的作用应该得到重视。数字阅读是具有社会属性和文化属性的实践活动,开展数字阅读活动效果的评价,应当形成由出版行政管理部门主导,行业协会监督,全民阅读促进委员会组织考评并公布评价结果,行业专家、图书馆、出版企业、研究机构、阅读推广组织、媒体、公民个体(读者)等利益相关方多方参与的评价机制。由出版行政管理部门主导考评,不但能有效保障评价工作的顺利实施,也能提升数字阅读指数的影响力,确保评价工作的效力发挥。出版行政管理部门、行业协会、全民阅读促进委员会要明确自身在评价过程中的职责以及发挥的作用,沟通协调并相互监督,确保评价工作顺利实施。同时,公民个体在评价过程中也发挥着重要作用,数字阅读活动成效的最终呈现都会

落实到个人，公民个体不仅是数字阅读活动的参与者，也是数字阅读活动成效最直接的受益者和见证者，他们在评价机制中发挥的作用不容小觑。由行业专家、图书馆、出版企业、研究机构、阅读推广组织、媒体、公民个体等多方构成的评价主体，共同协作，能够有效避免考评的片面性和局限性。

二、组建第三方评估机构，充分重视专家意见

为保证评价的可靠性和公平性，需要组建第三方评估机构，组建数字阅读考评督查小组和专家小组。在组建专家小组时，要充分考虑考评各环节所需人员的专业性与配比，力求小组成员多样化，能够覆盖考评中各要素。出版行政管理部门在开展数字阅读活动成效评价时，可以充分借助中国出版协会、全国读书会联盟的力量，邀请长期在数字出版和数字阅读等相关领域的学者担任专家小组成员。可通过出版行政管理单位指派，行业协会考核、推荐等方式确定专家小组成员。这些专家不仅在自己的学科领域有深入的理论研究，具备较高的专业素养，十分熟悉党和国家关于阅读指数的方针政策和法律法规，而且具有丰富的管理经验和实践经验，能够对考评过程进行严格把关。考评要充分重视专家的意见建议，使考评过程规范化。

三、制定考评监督激励办法，合理使用评估结果

开展数字阅读活动成效评价，得到评估结果只是其中的一个环节，更重要的是建立监督激励办法，合理使用评估结果，发挥数字阅读指数评价指标的导向作用，推动数字阅读活动进一步发展，以数字阅

读新形态助力全民阅读,促进社会主义文化繁荣发展。制定监督激励办法时,要着力发挥出版行政管理部门的全局监督作用,重点发挥专家小组和行业协会的行业监督作用,充分发挥出版从业者、阅读推广组织、媒体和读者的社会监督作用,形成由行政管理部门、行业、社会构成的三方监督体系。为了更好地使用评估结果,避免评价工作流于形式,激励各省市重视全民阅读、自觉提升数字阅读活动成效,需要完善评价结果公开制度,强化考核监督,切实将评价结果作为政府和行业协会支持阅读专项资金投入的重要依据。可参考湖南省新闻出版局的做法,为了全面考察湖南省公共阅读状况、科学考察和指导全民阅读实践,湖南省新闻出版局在 2011 年发布湖南城市阅读指数之后,每年对全省 14 个市州进行考核,并通过《湖南与阅读》一书和媒体报道对阅读指数的评价结果予以公布。

四、开展对评价指标的元评估,提升结果的信度和效度

元评估实质上是对评估的再评估。元评估旨在检验评估中可能出现的各种偏差,运用统计和其他方法来估计产生的偏差对评估结论的影响。由此可见,元评估是对原有评估的监控与修正,可提高评估的信度和效度。在数字阅读指数指标体系中,要将元评估作为评价过程中的必选环节,而不是可选环节。元评估需要注重评估指标结构的科学性、评估实施过程的规范性、评估数据的准确性等。元评估的实施者应该由出版行政管理部门选派,及时对评价指标进行元评估。

第八节　推广数字阅读工作的路径和建议

一、强化顶层设计，完善数字阅读工作评价机制

2016年发布的《全民阅读“十三五”时期发展规划》提出要鼓励将全民阅读指数纳入社会发展指标体系，纳入创建文明城市指标体系；[①] 2017年5月，《国家“十三五”时期文化发展改革规划纲要》中提到要推进数字化阅读发展，形成全民阅读数字服务网络，实施精品创作和传播计划，引导推出更多网络原创精品力作。[②] 随着信息技术的飞速发展，数字阅读已经成为推动全民阅读的重要形式。完善数字阅读工作评价机制要以党和国家的一系列政策导向为依据，强化顶层设计，积极进行数字阅读状况调查，定期发布数字阅读指数，制定考评监督激励办法，实现数字阅读工作评价结果的公开化、透明化。做到以评促建，提升数字阅读的质量，推动全民阅读发展。

二、重视阅读行为，建立数字阅读引导教育机制

相对传统阅读而言，数字阅读具有阅读载体多样化、阅读形态多元化、阅读环境动态化的特点，这些特点不可避免地影响着大众的阅读行为。数字阅读不仅带来了丰富内容资源、多重视听享受、良好互动体验，也催生了娱乐化、碎片化和浅阅读等阅读形态。在推进全民

---

① 安勇.工程教育专业认证改进工作质量提升的深度思考[J].中国高等教育，2018(23)：38-40.
② 吴尚之.十年阅读开创新局面　全民参与点亮中国梦[J].中国出版，2015(24)：3-10.

阅读和数字阅读工作的过程中，要顺应技术发展趋势，重视阅读行为的新特点，切实提高大众的阅读素养和文化水平。当前，部分民众存在着阅读主动性不强、阅读目的性不明确、鉴别能力不强、娱乐化阅读等现象；偏远地区民众的信息意识不强、支付能力较弱、现代信息技术应用能力有待提升。部分地区公共数字阅读场所建设落后，民众很少参与阅读活动，对阅读重要性认识不够，这些因素影响了数字阅读工作的成效。为了确保数字阅读工作的健康发展，数字阅读宣传、活动组织、专家引导、技术培训等引导机制亟须建立，以对国民的阅读行为进行正确的引导与教育。

三、优化阅读环境，多方合作营造良好读书氛围

优化阅读环境是数字阅读工作中的重要组成部分。优化阅读环境涉及广泛，需要多方共同合作，营造良好读书氛围。第一，需要强有力的组织机构调动和协调各种社会资源，提高数字阅读环境的优化效果。美国和日本分别成立了全美阅读小组和读书协会从事阅读的相关促进工作。我国在 2017 年 4 月成立了全民阅读促进委员会，该机构通过开发利用全国各级党政机关、企事业单位、社会组织、大中院校的全民阅读文化资源，促进全民阅读活动深入开展。各省市也可以成立专门组织机构，解决当前全民阅读工作中出现的问题。第二，壮大公益性阅读联盟，发展阅读形象大使。例如人民出版社读书会既有线上社交平台，连接了全国读书会及相关阅读机构，又有形式多样的线下活动，加强了读者、编辑和作者之间的沟通，联盟会成员之间实现了有效联合、策划设计、共建共享和服务优化。大力发展阅读形象大使和阅读志愿者，使其承担宣传和推广的责任。第三，重视新闻媒体的

宣传推广作用,组建媒体宣传联盟。积极推动传统媒体以及微信、微博、抖音等多种新媒体全方位报道数字阅读活动。第四,联合图书馆、政府、媒体、出版企业、数字阅读企业、学校、家庭、社区等共同策划举办数字阅读活动,发挥各自优势,实现组合效益。第五,图书馆针对不同人群进行分类数字阅读指导。由于儿童、青少年、成年读者、老年读者、弱势群体、残障群体在数字阅读能力、阅读需求等方面存在差异,建议图书馆结合自身馆藏资源实行分类数字阅读指导,提高数字阅读资源的利用率。政府、阅读机构组织、公益阅读联盟、阅读形象大使、图书馆、媒体、出版企业、数字阅读企业、学校、家庭、社区等多方协作,共同营造良好的读书氛围。

四、丰富阅读资源,推动数字阅读与传统阅读融合发展

数字阅读没有了数字阅读资源就相当于无源之水,因此在推广数字阅读工作的进程中我们要不断丰富数字阅读资源。第一,推动设立全民阅读基金,并从中设立数字阅读专项资金。全民阅读基金可采取政府主导、社会参与的方式筹措资金,鼓励采用政府和社会资本合作模式开展数字阅读公共服务项目建设。财政部门和全民阅读促进委员会对数字阅读规划制定、数字设施建设、数字阅读活动开展、内容资源拓展、阅读推广人才培养等进行专项资助。第二,加快数字阅读设施建设,努力缩小城乡数字鸿沟。随着互联网经济的飞速发展,用户增长已经进入瓶颈期,消费下沉成为明显趋势,国家须对小城市、城镇、农村的公共文化设施给予更多的资金投入,将数字阅读设施建设纳入城乡建设规划,满足当地居民随时随地阅读的需求,逐步填平经济社会发展差异造成的数字鸿沟。第三,搭建数字阅读平台,推动数

字阅读与传统阅读融合发展。联合数字技术公司、传统出版社共同搭建数字阅读平台,发挥各自技术优势和内容优势,为公众提供更加丰富多元的数字内容资源。当前数字阅读内容存在质量良莠不齐的问题,如果不加区分,盲目推广,读者容易受不良信息误导,从而影响国民素质的提升。传统出版社可选取高质量的纸质图书,将其内容数字化,形成电子文本。阅读传统纸介质文本的电子版本,是数字阅读与传统阅读相得益彰的结合方式,值得借鉴和推广。

第七章

我国城乡阅读一体化路径与政策建议

第一节 我国城乡阅读的推进路径研究

一、政府主导，建立有效政策

第十七次全国国民阅读调查结果显示，“我国成年国民人均阅读纸质图书 4.65 本，纸质报纸 16.33 期（份），纸质期刊 2.33 期（份），均较 2018 年有所下降”[①]，这显示出当前的国民阅读状况不容乐观，提升国民阅读量和阅读水平颇为紧迫。而国民阅读的发展离不开政府的保障，政府的有效主导，可以保证阅读推广工作平稳运行。目前，我国全民阅读政策的推进已然经历了自发组织、政策引导两个阶段，正进入第三阶段，即立法保障阶段。所以，如何从立法保障角度提升阅读推广水平是如今的关键。阅读是公民的基本权益，每个人的阅读权益都要得到基本保障，这是实现我国城乡阅读一体化、均等化的重要体现。

---

① 第十七次全国国民阅读调查结果发布[J].国家图书馆学刊，2020，29（3）：18.

政府应通过出台法律和制定政策等来保障城乡居民在阅读权益上的平等性,包括阅读平等、阅读自由和阅读保障等。早在 2013 年,全民阅读立法就正式列入我国国家工作计划,其后随着立法工作的完善,《全民阅读促进条例(草案)》《中华人民共和国公共图书馆法》等政策法规正式实施,而且我国越来越多的省市也在结合当地的实际情况加紧全民阅读方面的专门性立法,与国家层面的相关政策和法律法规形成了上下呼应之势,为立体、深入推进全民阅读工作提供了法制保障。

目前,乡村的阅读文化服务体系建设初见成效,但是在阅读推广方面还存在很大问题,基础设施建设落后、阅读需求得不到满足等都无形中损害了农民的阅读权益。借鉴国外阅读立法的成功经验和特色,进一步完善我国相关的法律政策,助推图书馆等公共文化设施在全民阅读中发挥自己的力量,可以提高对乡村阅读推广的重视,保障农民的阅读权益。但是也要明确,阅读立法的宗旨不是强制阅读,它的核心取向是以人为本,重在保障全民的阅读权利,明确政府部门以及其他组织的主体责任,构筑全民阅读的法制环境。[①] 从国家层面到地方层面将全民阅读纳入法制化轨道,以法律、法规等形式明确各级政府及各相关部门在全民阅读推广中的权利与义务,是落实全民阅读国家战略的基本依据和根本保障,有利于最终实现国民阅读兴趣和阅读能力的提升,实现城乡阅读一体化、均等化。

此外,阅读推广工作的展开需要持续的资金与服务支持,政府在这个过程中需要起到协调保障作用。资金方面应设立专门的全民阅读专项资金,并对资金进行科学合理的规划,以保证阅读推广工作平

---

① 徐建华,王晴.我国全民阅读理论与实践研究进展[J].图书情报工作,2018(12):98-107.

稳展开。还要平衡对城乡阅读资金的投入，在社会公平的基础上缩小城乡差距。在服务方面，乡村阅读空间大部分都缺少专职的管理服务人员，人员的短缺是乡村阅读推广落后于城市的重要原因。政府应为农家书屋等配备专职人员，并加强培训与管理，确保其持续稳定地发挥实际作用。

二、整合社会资源，完善服务体系

助力阅读推广工作深入展开，完善公共文化服务体系，不能仅凭政府力量单打独斗，要吸引更多的社会资源和社会力量参与其中。社会力量灵活的信息整合能力和创新性的服务能力能提供形式多样、群众喜闻乐见的文化服务，弥补政府在文化服务中的不足。近年来，《关于鼓励和引导民间投资健康发展的若干意见》《关于做好政府向社会力量购买公共文化服务工作意见的通知》《中华人民共和国公共图书馆法》等相继落地，为社会力量参与公共文化服务运营治理，推动全民阅读工作深入发展提供了强有力的法制保障，同时对深入推进公共文化领域供给侧结构性改革，加快公共阅读空间的建设起到了积极的促进作用。

一方面，政府要与社会力量共建城市阅读空间，延展公共文化服务体系的触角，这在一定程度上可以改善公共图书馆覆盖范围有限、服务单一化的局面。北京市朝阳区以“书香朝阳”为建设目标，近年来积极吸引社会各界力量参与建设城市书房，比如良阅书屋、朝阳城市书屋宸冰书坊、东区儿童医院嵌入式图书馆等，打造 15 分钟公共文化服务圈，满足了社区居民的个性化阅读需求，取得了良好效果。另一方面，也要利用社会力量创新农家书屋服务模式，延伸乡村阅读服务。

如2017年,海南省推出的“农家书屋+新华书店乡村网点+经营性实体”模式,由新华书店提供书籍、培训农家书屋管理员和参与农家书屋的日常管理,新华书店不再仅仅扮演图书供应商的角色,而是成为合伙人之一。这一模式增加了农家书屋的灵活性,图书更新的速度提高;同时由新华书店定期举行的读书交流会也显著增强了乡村居民的阅读热情,对农家书屋提质增效、建立农家书屋长效机制具有重要意义。

三、集聚行业优势,合力推进乡村阅读

全民阅读上升为国家战略,对于出版业来说也是千载难逢的机遇,有必须承担的时代使命。出版机构要积极发挥自己的优势,参与到全民阅读工作中来,搭建文化服务平台,整合多种社会资源,开展内容丰富、形式多样的阅读文化服务。

首先,要重视符合乡村居民阅读需求的图书选题开发,这可以激发他们的阅读兴趣,增强对阅读的认同感。调研发现,乡村年长居民对农业科技类的图书感兴趣,如种植类、养殖类等。青年人对小说类和发家致富类的图书借阅较多。

其次,出版机构在策划、开发选题时,应该立足于实际,进一步细分图书选题,满足不同乡村居民的阅读需求。除了大众类图书,乡民对本地的县志、史话、传说、家谱之类比较小众的书也有需求,出版机构可以鼓励本土作者围绕当地历史文化进行创作,开发能真正深入人心的优秀作品。

最后,出版行业应发挥自身内容资源优势,将优秀内容与阅读推广活动结合起来,将作品内在的精神传达给乡民。一方面,可以与民

间图书馆进行合作，开展公益性阅读推广活动，图书馆提供场地，出版机构提供图书、资金等内容，将图书、作者和分享会结合起来，也可以与公益组织、图书馆三方合力推进。出版机构或者图书馆的推广方式和推广内容有限，公益组织凭借其独特的组织形式、广泛的人员构成和强大的社会影响力，能够弥补出版机构和图书馆等主体在阅读推广方面的不足，例如面向农村留守儿童的广州“满天星公益”少儿阅读推广活动。另一方面也要重视阅读推广人参与的公益阅读活动，阅读推广人往往在特定领域和特定群体中十分有影响力，与其合作不但可以满足基层群众的文化需求，还能弥补全民阅读在弱势群体和落后地区推广的不足。如儿童文学作家童喜喜一直致力于儿童阅读研究与推广，她创新性地发起了“种子教师计划”“萤火虫亲子共读”“口头作文”等多种阅读公益活动，并为乡村小学捐赠图书，提供长期免费的公益讲座……这些公益阅读推广活动能够为大众提供更贴心的阅读服务，进一步提高阅读推广工作的服务水平和效率。

第二节　进一步推动城乡阅读开展的政策建议

一、将推动城乡阅读与“十四五”规划联系起来

“十三五”时期，是我国全民阅读工作高质量发展的五年。在这五年里，阅读理念深入人心，国民阅读意识逐渐增强，高质量阅读工程百花齐放，书香社会稳步推进，公共文化服务体系得到进一步完善和提高。这五年来城市经济发展水平好，全民阅读投入力度大，全民阅读得到较好的实施，居民的精神文化需求得到了多样化、多层次、全方位

的满足和改善，乡村地区和贫困地区的文化面貌也得到了较大改观。但不可否认的是，城乡公共文化服务的差距依然较大，农村地区依然是公共文化服务的短板。人民日益增长的美好生活需要和不平衡不充分的发展之间的矛盾，在广大农村地区表现得更为明显和突出。

"十四五"时期是我国全面建成小康社会、实现第一个百年奋斗目标之后，乘势而上开启全面建设社会主义现代化国家新征程、向第二个百年奋斗目标进军的第一个五年。在"十三五"全民阅读工作基础之上，将推动城乡阅读与"十四五"规划联系起来，加大对乡村地区公共文化服务的支持力度，扎实推进书香社会建设，让公共文化服务体系和文化产业体系更加健全，让城乡阅读发展水平显著提高，让人民精神文化生活日益丰富，应当是全面建设社会主义现代化国家新征程的重要任务之一。

新时期，全民阅读工作要建构基本覆盖城乡的服务体系。一方面要推动全民阅读品牌建设，加强品牌与城市文化特色、发展定位之间顶层设计的关联性；全民阅读工作不是独立的，应与城市既有文化底蕴、区域文化特色、区内全民文化认知、居民文化身份认同等内容相辅相成；在服务方式上充分利用"互联网+"时代的科技手段，大力推进数字化阅读发展。另一方面应坚持以乡村地区为重点，集聚各方力量，助力解决"公共文化资源配置不合理、基层文化设施利用不充分、文化服务效能不够高"等突出问题；在政策资源上向乡村地区倾斜，助力城乡阅读资源互联互通，实现城乡公共文化服务一体建设。

二、明确城乡阅读主体的职责

全民阅读推进路径中的主体是指在书香社会建设、全民阅读推广过程中承担主要责任的社会组织或个人，主要包括政府部门、图书馆界、新闻出版界、民间阅读组织以及社区和家庭等。全民阅读主体分布在社会各个行业和领域，在全民阅读推广中分别担任着倡导者、组织者、实施者和支持者等不同角色，他们共同推进书香社会建设。但是在推动城乡阅读的过程中，由于各方力量的不均衡，职责的不明确，导致没有发生良性的互动，影响了阅读推广的效果。

从政府方面来看，要将“政府领导”转变为“政府主导，社会参与”的合作治理模式。首先，政府从政策法律层面对全民阅读工作进行全面系统的规划设计，明确各个相关部门的工作，使各部门协调配合，做到职责清晰，共同推进全民阅读的发展。其次，政府要做好全民阅读法律法规的宣传和实施工作，协调财政等其他部门为全民阅读提供财政支持和制度保障。最后，要把全民阅读推广纳入各地区指标考核体系，把书香社会建设情况纳入有关部门年度考评指标，督促各级政府部门承担顶层设计者的责任。

从社会方面来看，图书馆是全民阅读推广体系中的主要文化服务机构，具有公益性、平等性、开放性和共享性等特征，是书香社会建设过程中最主要的组织者、实施者和推动者。但是全民阅读重在“全民”，这就需要吸引社会各界力量共同参与。图书馆应通过多种方式联合书店、民间阅读组织以及社区等相关力量制定整体合作规划，建立多元合作机制，同时顺应数字阅读时代的大势，利用专业力量建立全民阅读数字平台，满足大众的阅读需求。

从行业方面来看，出版界承担着为社会提供优秀出版物的责任，也是全民阅读工作的重要参与者和推动者。一方面，各出版单位应坚持以输出优秀内容为原则，不断提升出版物质量，为全民阅读推广做好内容支撑，同时联合书店、图书馆等机构举办各类阅读活动，提升全民阅读的深度和广度。另一方面，国家新闻出版署要加强对出版单位社会效益的考核，形成对社会效益可量化、可核查的评价标准。

三、建立城乡互动阅读机制

当前，乡村图书馆和农家书屋面临着很多问题，比如馆藏单一，存在以出版社库存书、社会捐赠书来“充数”的现象，图书普遍实用性不强。与此同时，城市图书发行机构众多，图书资源丰富，有些农村居民需要的文献在城市图书馆可能是利用率较低的闲置资源显得极为重要，而且图书馆等机构经常存在旧书资源积压成堆又无法处理的现象。合理利用城市闲置旧书资源显得极为重要，相关部门应与旧书拥有机构建立合理的旧书流转机制，解决机制和运输资金问题，让城市阅读资源合理流入乡村。乡村地区人口少，阅读需求没有城市强烈，大量建设规模化的图书集藏点也并不科学，同样会造成阅读资源的浪费。对于有着图书需求，但需求量又比较有限的地区，要采用巡回服务的方式给予满足，比如通过图书流动车、汽车图书馆等方式进行图书资源流通。图书资源流通需要由县（区）一级图书系统统筹管理，带头做好出版物流转工作，实现农家书屋与县（区）级图书馆的通借通还。例如瑞安市图书馆于 2014 年购置了一辆图书流通车，随即推出汽车图书馆流动服务，目前设立的 10 多个服务点均在农村，提供每月 1 至 2 次定时定点图书流通车上门服务，除了开展图书借阅、免费办证、解答读者咨询等服务，还可以为读者预约图书，为乡村群众带来就近阅读的便利。

城市地区的网络覆盖已经非常广泛，农村地区的信息网络设施普及率并不如城市。加快建设乡村数字基础设施和网络的建设，改善城乡间信息交流和互动的基础,对于城乡阅读协调发展大有裨益。一方面,城乡政府可以主导建立统一的“通借通还”流通体系,让农家书屋与当地县市的图书馆实现文献资源的共建共享,例如把县区图书馆的可供外借书目数据库传输上网,让农村居民在本地就可以查询、预约,县区图书馆再定时通过图书流通车、汽车图书馆等将农民需要的书送到农家书屋。在数字资源方面,要大力建设数字化阅读项目,构建数字图书馆集群网络,实现城乡数字阅读资源的互通互联。县区图书馆可以直接为农家书屋开通数字资源使用账户,让农村居民通过网络在本地就能检索到各种数字资源。

参考文献

黄晓新.阅读社会学:基于全民阅读的研究[M].北京:人民出版社,2019.

中国新闻出版研究院,江苏省全民阅读办.国外全民阅读法律政策译介[M].南京:译林出版社,2015.

LYNCH K. Rural-urban interaction in the developing world [M]. London: Routledge,2005.

MITCHELL D C. The process of reading: a cognitive analysis of fluent reading and learning to read [M].Chichester Sussex:John Wiley & Sons,Inc.,1982.

陈欣.重庆市城市阅读空间建设研究[D].合肥:安徽大学,2020.

胡绍宜.政府推动“全民阅读”的对策研究[D].苏州:苏州大学,2017.

李新祥.数字时代我国国民阅读行为嬗变及对策研究[D].武汉:武汉大学,2013.

张畅.政策网络视域下全民阅读推进路径优化研究[D].保定:河北师范大学,2020.

赵超越.省级教育智库评价指标体系的建构研究[D].沈阳:沈阳师范大学,2018.

安娜.高校图书馆阅读推广5W1H分析法应用研究[J].图书馆工作与研究,2020(9).

安勇.工程教育专业认证改进工作质量提升的深度思考[J].中国高等教育,2018(23).

蔡思明,孙绍伟.“十四五”规划背景下公共图书馆阅读空间发展策略研究:以广东为例[J].图书馆建设,2021(3).

陈庚,胡雅纯.农村居民公共阅读低度参与归因分析:来自湖北省77个行政村的调查[J].中国图书馆学报,2020(5).

程响,何继新.城乡融合发展与特色小镇建设的良性互动:基于城乡区域要素流动理论视角[J].广西社会科学,2018(10).

池骋,吴琦.美国青少年阅读立法研究及对我国的启示:以 NCLB 法案为例[J].科技与出版,2016(11).

仇恢.促进城市阅读　构建和谐广州[J].图书馆论坛,2009(1).

储节旺,刘秉玉.农家书屋助力乡村振兴战略实施的对策研究[J].国家图书馆学刊,2019,28(3).

单骅,胡晶晶.区域性公共图书馆联盟阅读推广品牌建设研究:以浙江省公共图书馆阅读推广联盟"图书馆之夜"为例[J].图书馆工作与研究,2020(3).

第十七次全国国民阅读调查结果发布[J].国家图书馆学刊,2020(9).

第五维强,刘平.全民阅读背景下大学出版社微信阅读推广分析:以 20 家百佳大学出版社为例[J].出版广角,2019(16).

杜宗明.基于利益相关者视角的图书馆阅读推广研究[J].大学图书情报学刊,2017(5).

樊燚琴.日本社区阅读环境构建模式与启示[J].中国出版,2019(7).

房慧.全民阅读如何防止农家书屋的"孤岛效应"[J].科技与出版,2019(8).

付伟棠.美国《儿童与家庭阅读报告》剖析及儿童阅读的新趋势[J].图书馆理论与实践,2019(1).

傅绍磊,陈晓旷.全民阅读时代城市书房服务模式与机制创新[J].中国出版,2020(15).

宫昌俊,曹磊.江苏江阴市:推动城市阅读联盟的实践探索[J].国家图书馆学刊,2015(4).

谷征.美国图书阅读调查主要机构及其调查方法[J].出版发行研究,2019(2).

何映霏,岳鸿雁.第三空间视域下新加坡社区公共阅读空间的发展探究[J].出版发行研究,2020(1).

黄红兰.基于全民阅读时代的县级图书馆阅读推广工作思路分析[J].中国民族博览,2020(8).

蒋薇,杨章.城乡 3-6 岁幼儿阅读现状及对策研究:以毕节市为例[J].教育现代化,2019(98).

焦长红.打卡分享:基于微信平台的阅读推广案例分析[J].上海高校图书情报工作研究,2018,28(4).

金樽. 礼赞新中国 书香润万家:记2019重庆“书香润万家”家庭阅读活动[J]. 新阅读,2019(10).

康健,祝小宁.均等化视域下的全民阅读指数测评指标体系研究[J].图书馆学研究,2020(9).

郎玉林,徐锐,栾荣.基于文化社会学的全民阅读发展研究[J].图书馆建设,2016(10).

郎玉林.布迪厄场域理论在全民阅读发展中的引入与思考[J].图书馆工作与研究,2018(10).

郎玉林.社会学理论在全民阅读发展中的引入与思考:布迪厄之文化资本理论[J].出版发行研究,2018(5).

李红梅.俄罗斯全国性阅读促进活动的开展与启示[J].大学图书情报学刊,2019(2).

李龙,刘汉能.技术变迁视域下全民阅读的现代化与治理体系化[J].出版发行研究,2020(7).

李淑湘,何婧,李衡.基于平衡记分卡的公共图书馆全民阅读活动绩效评价模型设计[J].财务与金融,2020(4).

林宜榕.2019年我国5部地方性全民阅读促进法规研究[J].图书馆学研究,2020(8).

刘冰鑫,吴虹洁. 传统阅读活动在新媒体平台的创新尝试:以重庆图书馆“阅读之星——重庆市民诵读大赛”为例[J]. 内蒙古科技与经济,2020(3).

陆璐,王上.欧美国家的阅读推广及其经验借鉴[J].图书馆学刊,2019(9).

马梅.世界传播技术发展背景下电视的生存空间论析[J].江淮论坛,2011(3).

孟磊,单芳.韩国阅读立法的经验与启示[J].科技与出版,2019(7).

聂震宁.论作为国家战略的全民阅读[J].现代出版,2019(6).

宁晓旭.2010-2019年我国高校图书馆阅读推广研究文献的计量分析[J].科教导刊(下旬刊),2020(24).

欧瑞祥.我国全民阅读研究领域的知识图谱可视化分析[J].图书情报导刊,2019(3).

潘晓婷.少儿阅读中的城乡“知沟”与“知沟”弥合[J].出版参考,2019(5).

卿倩,李桂华.政策工具视野下我国省级全民阅读政策研究[J].中国图书馆学报,2020(3).

屈明颖.国外阅读调查与评估发展历程述略[J].出版与印刷,2019(1).

石钰冰.全民阅读推广活动的实践和理论探索:以广州图书馆为例[J].河南图书馆学刊,2018(7).

石志松.“图书馆之城”向“读城”的进化与蜕变:深圳全民阅读推广法制化建设新进展[J].河南图书馆学刊,2019(5).

司云江.对县级图书馆推进乡村基层全民阅读的思考[J].贵图学苑,2020(3).

谭小军,周安平.新时代我国全民阅读立法的困境与对策:基于全民阅读立法文本的分析[J].现代出版,2019(1).

王贵海,孙鹏.我国阅读推广研究演进路径、热点与趋势分析:基于 CiteSpace 的可视化分析[J].图书馆工作与研究,2020(3).

王辉,赵霞霞,司晓悦.高校中层领导干部考核指标体系研究:基于德尔菲法和层次分析法的应用[J].东北大学学报(社会科学版),2019(2).

吴凤鸣.北京“区级”全民阅读的别样探索和实践:北京 16+1 区 2020 年上半年全民阅读简述[J].新阅读,2020(10).

吴尚之.十年阅读开创新局面全民参与点亮中国梦[J].中国出版,2015(24).

伍力.阅读推广之新模式探析:城市公共阅读空间:以重庆市为例[J].内蒙古科技与经济,2020(12).

伍亚华,杨晓翠,王永斌.基于层次分析法的高校优秀团员评选[J].西北成人教育学报,2013(1).

谢巍,刘益.中西部欠发达地区中小学阅读扶助机制落实:政府层面的策略建议[J].中国出版,2019(14).

徐建华,王晴.我国全民阅读理论与实践研究进展[J].图书情报工作,2018(12).

徐升国,汤雪梅,杨俊康.书香北京走向新时代:2018 年度北京全民阅读“一区一品”调研总报告[J].新阅读,2019(4).

徐升国.以数字化阅读为契机,缩小城乡阅读鸿沟[J].出版参考,2019(5).

徐同亮.公共阅读服务评价指标体系探究[J].图书馆论坛,2016(1).

徐雁."书爱众香薰":全民阅读推广的时代使命[J].图书情报通讯,2013(1).

徐雁.推广是图书馆读者服务的重要延伸工作:兼述近现代图书馆推广阅读的先进理念及积极举措[J].图书馆杂志,2020(9).

薛天.关于城乡少年儿童阅读状况的比较与思考:基于湖南省少年儿童阅读调查报告[J]. 图书馆工作与研究,2013(1).

阎婷婷.加拿大全民阅读推广项目考察分析[J].图书馆建设,2016(2).

杨翠萍.东西部欠发达地区少年儿童阅读现状比较分析:以广东粤西和青海西部柴达木地区城乡小学生为例[J].图书馆工作与研究,2012(4).

杨文泓.英国公共图书馆少儿分级阅读推广服务研究:以 10 家英国阅读起跑线计划成员馆为例[J].图书馆工作与研究,2020(11).

杨晓娜,曾菊新.城乡要素互动与区域城市化的发展[J].开发研究,2004(1).

叶松庆,张园园,陈寿弘.实施乡村振兴战略视域下农村留守儿童阅读要义[J].中国出版,2019(24).

于准.读书会类 APP 的社群价值及对阅读推广的启示[J].中国编辑,2020(6).

翟晶,王筱金,赵古月,等.基于德尔菲法和层次分析法的医用磁共振成像设备体验设计评价指标体系构建[J].中国医疗设备,2019(8).

张波.全民阅读的时代表达:阅读影响与国家治理[J].出版发行研究,2020(7).

张涪尧.数字阅读时代农村全民阅读推广新途径[J].文化产业,2020(4).

张佳颖.中韩国民阅读状况比较研究[J].出版发行研究,2017(7).

张文彦.阅读史视域下我国当代阅读推广组织的起源、现状与发展趋势[J].出版发行研究,2019(6).

张志强,尹召凯.以读攻"毒":疫情背景下的阅读调查分析[J].编辑之友,2020(6).

赵双.以家庭为单位的民间儿童阅读推广活动特色案例及启示[J].图书馆,2020(5).

郑闯辉."分地阅读"与图书馆所藏地方文献资源的阅读推广:以公共图书馆地方文献部门参与全民阅读推广为例[J].图书馆杂志,2020(9).

中国新闻出版研究院“书香社会指标体系”课题组.书香社会阅读评估指标体系建设[J]. 科技与出版,2019(8).

钟清.大数据捕捉青年阅读偏好及内容供需[J].出版参考,2017(5).

周蔚华,邵士博.全民阅读城市建设的地方立法与实践:基于对 10 个城市法律文本分析与实践活动的考察[J].出版科学,2019(5).

朱建安.共建书香重庆　共享书香生活:重庆书城阅读推广纪实[J].新阅读,2019(10).

祝兴平.全民阅读背景下数字阅读城市排行的意义与价值:基于龙源“2017 数字阅读 TOP100 城市排行”的分析[J].科技与出版,2018(8).

邹也静.公共图书馆凝聚社会力量推广全民阅读的项目化模式研究:以“广州公益阅读”为例[J].图书馆研究与工作,2020(6).

AERILA J A, MERISUO-STORM T. Emergent readers and the joy of reading: a finnish perspective[J]. Creative education,2017(8).

AKANDA A K M,HOQ K M G,HASAN N. Reading habit of students in Social Sciences and Arts: a case study of Rajshahi University[J]. Chinese librarianship,2013(35).

ASRAF R M ,AHMAD I S . Promoting English language development and the reading habit among students in rural schools through the Guided Extensive Reading program[J]. Reading in a foreign language,2003(2).

AU K H. Social constructivism and the school literacy learning of students of diverse backgrounds[J]. Journal of literacy research,1998(2).

BOFF C,JOHNSON K. The library and first-year experience courses: a nationwide study[J]. Reference services review,2002(4).

CURTIS M E,GLASER R. Reading theory and the assessment of reading achievement [J]. Journal of educational measurement,1983(2).

DE LANGE M M,WINBERG C,DIPPENAAR H. Why the English home language curriculum and assessment policy statement will not improve learners' reading comprehension[J]. Reading & Writing,2020(1).

DOUGLASS M. A regional network strategy for reciprocal rural-urban linkages: an agenda for policy research with reference to Indonesia[J]. Third world planning review, 1998(1).

GUSTAFSON S, FÄLTH L, SVENSSON I, et al. Effects of three interventions on the reading skills of children with reading disabilities in grade2[J]. Journal of learning disabilities, 2011(2).

KIM C H. Reading public of the mini-libraries in rural Korea[J]. Libri, 1978(3).

KRAAYKAMP G. Literary socialization and reading preferences. Effects of parents, the library, and the school[J]. Poetics, 2003(3-4).

KUHN M R, SCHWANENFLUGEL P J, MEISINGER E B. Aligning theory and assessment of reading fluency: automaticity, prosody, and definitions of fluency[J]. Reading research quarterly, 2010(2).

RAJABI P. Cultural orientation and reading comprehension models: the case of iranian rural and urban students[J]. Novitas-Royal, 2009(1).

SCHRØDER K C. Audience reception research in a post-broadcasting digital age[J]. Television & new media, 2019(2).

SULAIMAN S, MOHAMAD M, AZIZ A A, et al. 21st century reading strategy program to read english reading material for primary school pupils[J]. Creative education, 2020(8).

TRAN T, LE T T H, NGUYEN T T, et al. The relationship between birth order, sex, home scholarly culture and youths' reading practices in promoting lifelong learning for sustainable development in Vietnam[J]. Sustainability, 2019(16).